contents

2 はじめに
6 薬膳のきほん
8 レンチン薬膳ごはんのいいところ
10 おいしく作るレンチンのコツ

11 PART1
食材別

レンチン薬膳の主菜

豚肉

12 豚しゃぶとキャベツのレモン蒸し
14 豚肉と根菜のピリ辛みそ煮
15 豚こま団子の酢豚風
16 とん平焼き
18 豚肉とピーマンのそぼろ
19 豚肉ともやしのオイスター焼きそば

鶏肉

20 しっとり鶏ハム
22 鶏むね肉と彩り野菜の南蛮漬け
23 鶏肉となすの照り焼き
24 ザーサイ入り鶏団子の甘酢あんかけ
26 手羽元と白菜の塩こうじ煮
27 鶏ひき肉とわかめのスープ

牛肉

28 牛肉と豆腐のすき煮
30 牛肉と春菊のしょうがポン酢蒸し
31 アスパラガスの牛肉巻き

合いびき肉

32 煮込みクリームハンバーグ
34 大根入りミートソースのペンネ
35 キーマカレー

ソーセージ、ベーコン

36 ソーセージ、ブロッコリー、
   チーズのホットサラダ
37 ベーコンときのこのオイルパスタ

魚介類

38 たらとじゃがいものガーリックバター
40 鮭とわかめ、きのこのレンジ蒸し
41 さば缶大根
42 ツナ、玉ねぎ、チーズのオムレツ
43 マッシュルーム、シーフードのアヒージョ

大豆加工品

44 豆腐とにらの卵とじ
46 ひじき入り豆腐ハンバーグ
47 厚揚げとかぶのきのこあんかけ

48 column　作りおきで薬膳弁当 1

49 PART2
症状別

レンチン薬膳ごはん

冷え

50 かぼちゃのシナモンがゆ
51 ガーリックシュリンプ

便秘

52 ハムと白菜のミルクスープ
53 豚肉ときのこのポン酢煮

むくみ

54 豚肉ともやしのみそ炒め
55 豚ひき肉となすの春雨煮

貧血

56 さば缶とおろしにんじんのカレー
57 黒きくらげと細ねぎの中華風オムレツ

疲労

58 明太子とアボカドのパスタ
59 長いも入り肉団子の煮物

食欲不振

60 ベーコン、かぶ、トマトのピリ辛スープ
61 鮭ときのこのおろし煮

	風邪
62	豚肉と長ねぎの塩蒸し
63	鶏ひき肉と卵、パクチーのしょうががゆ

	ストレス
64	鶏肉のマーマレード照り焼き
65	豚肉とセロリのトマトカレー

	肌荒れ
66	シェントウジャン風納豆入りスープ
67	かじきの甘酒トマト煮

	目の疲れ
68	にんじんの黒ごまナムル
69	ゴーヤーチャンプルー

	老化
70	牛肉とさつまいもの甘辛煮
71	鶏肉とカリフラワーのカレー煮

| 72 | column 作りおきで薬膳弁当 **2** |

73 **PART3**
季節別

レンチン薬膳の副菜

	春
74	ふきとしょうがのおひたし
74	厚揚げと三つ葉の和え物
75	たけのこの土佐煮
75	ツナとにんじんと玉ねぎのマリネ

	梅雨
78	蒸しキャベツの赤じそ和え
78	もやしのナムル
79	とうもろこしとさやいんげんの塩バター蒸し
79	オクラと叩き長いもの和え物

	夏
82	レンジ蒸しなす
82	きゅうりのピクルス
83	ミニトマトと梅干しのレンジ蒸し
83	ちくわとピーマンの塩和え

	秋
86	さつまいものはちみつレモン煮
86	かぼちゃの塩煮
87	れんこんとハムの重ね蒸し ごまみそだれ
87	きのこのオイル蒸し

	冬
90	ブロッコリーの黒ごまみそ和え
90	ごぼうの具だくさんきんぴら
91	ベーコンと白菜のペペロンチーノ
91	しらすとほうれんそうののり和え

| 94 | メイン食材別インデックス |

レシピのお約束

- 本書では電子レンジは600Wのものを使用しています。一部、W数を切り替えて600W以外で使用する場合はレシピにW数を表示しています。

- お持ちの電子レンジが500Wの場合は加熱時間を1.2倍に、700Wの場合は0.8倍にしてください。機種によって加熱具合が異なるので、様子をみて加減してください。

- 加熱後はやけどに注意してください。

- 大さじ1は15㎖、小さじ1は5㎖、1カップは200㎖です。

- 食材を洗う、皮をむくなど、基本的な下準備はレシピから省いています。適宜行ってください。

- レモンの皮を使う場合は国産のものを使用してください。

- 塩は粗塩を使用しています。精製塩を使用する場合は、レシピより少なめに調整してください。

- 作りおきの期間は目安です。

薬膳のきほん

「そのときの自分の体に合うものを食べる」が薬膳の考え方

薬膳のきほんは「未病先防」。病気を治すだけでなく、病気になる前に防ぐというもの。そのためには、ちょっとした体の変化に気づけるようアンテナを張ることが大切です。眠りが浅い、手足が冷えるなど、いつもとの違いに気づいて、そのときに必要なものを食べるようにするのです。不調だけでなく、季節の変化に合わせて食べ物を考えてもよいでしょう。夏は熱を冷ますもの、乾燥する秋はうるおすもの、という具合に考えれば、自然と今、体に必要なものがわかるはずです。

（ 薬膳の3つのキーワード ）

1 体をつくる3つの要素

気・血・津液（体液）

体を車に例えると、気・血・津液はガソリン。車はガソリンがないと動かないように、体を動かすために、常に補給し、体中を巡らせていなくてはなりません。日々の食事でこの3つをしっかりと補うことを意識しましょう。

気
生命活動を維持するためのエネルギー源となるもので、体の構成要素の元となります。血液、津液、栄養素を全身に運ぶのも気の力。

血
体内の水分のうち栄養分を含むもの。細胞の栄養となり、うるおします。脳までくまなく巡り、精神や思考を維持するのにも働きます。

津液（体液）
血を除くすべての水分の総称で、鼻水、唾液、尿、涙、消化液など。全身をうるおし、余分な毒素の排出も担っています。

2 食材が働きかける5つの部位

五臓（ご ぞう）

体を動かすエンジンのような役割を担うのが五臓です。西洋医学での臓器とは異なり、それぞれが生命活動維持に欠かせない働きを持っているため、五臓のどこかが弱まると、その臓がつかさどる働きに不調が現れます。

肝（かん）

気の流れを整え、血をためて血流の調整を担います。肝が弱まると、イライラ、貧血、目の不調、こむらがえり、爪の割れなどが。

心（しん）

血流をコントロールし、精神や思考をつかさどります。心が弱まると、動悸、息切れ、精神不安、不眠、思考力の低下などが見られます。

脾（ひ）

消化吸収の要で、引き締め、血流の循環にも働きます。脾が弱まると、食欲不振、疲労倦怠感、むくみ、不正出血、月経過多などが。

肺（はい）

呼吸をつかさどり、水の流れを整えます。肺が弱まると、皮膚・鼻・のどの乾燥、せき、息切れ、風邪、鼻水・鼻詰まりなどが。

腎（じん）

生命力を蓄え、生殖や老化に関わる臓。腎が弱まると、発育不全、不妊、精力減退、耳の不調、足腰・骨や歯の弱まり、排尿障害などが。

3 食材の持つ4つの性質

四性（し せい）

食材には、体を温めて冷えをとり、気血の巡りを強く促す熱性、熱性より穏やかな温性、体の熱を下げて体を冷やし、利水を強く促進する寒性、寒性より穏やかな涼性の四性があると考えられます。体の状態や季節に合った食材をとるようにしましょう。
※中間の平性を入れて五性とすることもあります。

熱性

唐辛子、シナモン、こしょう、羊肉など

温性

鶏肉、鮭、あじ、いわし、えび、かぼちゃ、しそ、しょうが、玉ねぎ、にら、にんにく、ねぎ、さくらんぼ、栗、餅、納豆など

涼性

小松菜、セロリ、大根、冬瓜、なす、菜の花、パセリ、ふき、ほうれんそう、もやし、アボカド、いちご、みかん、レモン、チーズ、バター、ごま油、小麦、豆腐、緑豆など

寒性

きゅうり、たけのこ、ゴーヤー、柿、キウイフルーツ、バナナ、白ごま、あさり、のり、ひじき、わかめ、そばなど

レンチン薬膳ごはんのいいところ

忙しいときや、
疲れたときでも
体にいいものが
手軽に食べられる

電子レンジ調理の一番のメリットは手軽ということ。時短で、調理中の手間もなく、洗い物も少ない。和え物や汁物などの副菜から肉料理や魚料理といったメインのおかずまで、幅広いメニューに使えて、なんと炒め物や焼き物までできてしまいます。しかも、失敗なくおいしく作れる優れものです。そして、手軽だから、忙しいときもやる気が起きないときでも、続けられます。毎日続けてこその薬膳ごはんには、レンチンは強い味方というわけです。

（ 調理はたった3ステップ ）

この本のレシピは以下の3ステップで作れます。
料理によってはレンチンしたらでき上がりの
2ステップのものもあります。

1 下ごしらえ

2 レンチン

3 仕上げ

（ レンチン薬膳ごはんの 3つのおすすめポイント ）

1 とにかくラクチン

基本的に切った材料を調味料と一緒に耐熱容器に入れて電子レンジにセットすればOK。加熱中は混ぜたりひっくり返したりという手間がないので、とってもラク。使うのは耐熱容器だけなので洗い物も少なくてすみます。火を使わないため、暑い季節も体や心に負担なく料理できます。

2 油は少なめだからヘルシー

電子レンジ調理ではこげつきを気にしなくてよいので、油は少量で大丈夫。本書のレシピで使っている油は香りづけ程度です。野菜の水分がとびにくいので、食材のうまみを逃がさず調理でき、余分な調味料を加えずに素材そのものの恵みをたっぷりいただけるのもうれしいです。

3 だれでもおいしく作れる

電子レンジ調理はW数と調理時間を数字で管理するため、火加減の調整が不要で失敗知らず。ただし、機種によっては同じW数、調理時間でも微妙にでき上がりが異なることがあります。まずはレシピ通りに試してみて、火の通り具合を確認のうえ調整してみてください。

おいしく作る レンチンのコツ

電子レンジ調理ならではの食材や調味料の扱い方、加え方があります。
ラップのかけ方などちょっとしたコツをご紹介します。

耐熱容器

家にあるものでOKですが、加熱後に水けが出るものもあるため、深さがあったり、縁が立ち上がっているものがベターです。噴きこぼれのおそれがあるものや、材料にかさがあるものはレシピに「大きめのボウル」と明記しています。

ラップ

炒め物でカリッとさせたいものや、酸味・アルコール分をとばしたいもの以外はラップをかけて調理します。ポイントはふんわりとかけること。水蒸気の逃げ道を作っておくことで加熱中の煮詰まりや爆発を防ぐことができます。

食材

食材で要注意なのが、ミニトマト、オクラなど空洞のある食材。爆発のおそれがあるので、加熱前に竹串で穴をあけます。根菜は縮んでかたくなりやすいので、水分に浸るようにしてください。

調味料

途中で加えることができないため、最初によく混ぜて加えます。とくに片栗粉が入っているものは、沈殿がなくなるまで加熱直前にしっかりと。照り焼きや炒め物は加熱後に全体をよく混ぜることで照りよく仕上がります。

入れる順番

火が通りにくいもの、味をしっかりしみ込ませたいもの、乾燥しやすいものは一番下に、火が通りやすいものやカリッとさせたいものは一番上が基本です。薄切り肉は火が通りすぎるとかたくなるため広げて一番上にのせます。しっかり味をしみ込ませたい場合は、最初に調味料を入れてから材料を加えていきますが、全体に行き渡らせたい場合は、最後にまわしかけます。

食材別

レンチン薬膳の主菜

豚肉、鶏肉、牛肉、魚介類、大豆加工品といった、
メインの食材となるたんぱく質別に選べるメニューです。
どれもいつもの食材で作れるものばかり。
ボリュームもたっぷり、食べ応えのあるおかずです。
それぞれの食材の体への効果も紹介しています。

豚肉

体液（津液）をつくり、体にうるおいを与えてくれる豚肉。乾燥からくる皮膚の不調や便秘、からせきによいとされます。スタミナ食材のイメージ通り、生きる力を養う「腎」を助け、「気」を補ってくれるので、疲労や夏バテ対策にぴったり。

豚しゃぶとキャベツのレモン蒸し

余分な熱を冷ますキャベツとレモンを疲労回復に働く豚肉と一緒に。夏バテぎみのときにおすすめ

[材料] 2人分

キャベツ … 200g

豚バラ薄切り肉（しゃぶしゃぶ用）
　　… 100g

レモン … 1/2 個

A│水・酒 … 各大さじ1/2
　│ごま油 … 小さじ2
　│塩 … 小さじ1/3

粗びき黒こしょう … 適量

Memo

加熱後にレモンを加えてさっと混ぜることで、苦みを抑え、さわやかな香りを際立たせます。レモンは皮ごといただけます。

[作り方]

1 下ごしらえ

キャベツは一口大のざく切りにする。豚肉は長ければ食べやすい長さに切る。レモンは半月の薄切りにする。Aは混ぜ合わせる。

2 レンチン

耐熱の皿にキャベツ、豚肉の順に重ねて入れ、Aをまわしかける。ふんわりとラップをかけて電子レンジで6分加熱する。

3 仕上げ

レモンを加えてさっと混ぜ、器に盛り、粗びき黒こしょうをふる。

★冷蔵庫で約3日間保存可能

[豚肉の部位別レンチンのコツ]

　厚さにバラつきの多いかたまり肉は火の通りが均一になりにくいため、バラやこま切れのような薄切り肉やひき肉が適しています。

　薄切りのものでも、脂身が少ないロースやこま切れ肉は、かたくなりやすいので注意してください。

　加熱時のポイントは、なるべく重なりのないよう、ていねいに広げること。重なったまま加熱してしまうと、火の通りが悪いだけでなく、かたまった状態で仕上がってしまい、食感がかたくなるうえに、ほかの素材や調味料とのなじみも悪くなってしまいます。

豚肉と根菜の
ピリ辛みそ煮

食欲不振や胃もたれが
気になるときに

[材 料] 2人分

れんこん … 100g

大根 … 2㎝（100g）

にんじん … 1/3本（55g）

豚バラ薄切り肉 … 100g

A｜水 … 1/2カップ
　｜みそ … 大さじ1と1/2
　｜しょうゆ … 大さじ1/2
　｜豆板醤 … 小さじ1/2
　　トウバンジャン

Memo

消化を助ける根菜類は、疲れが気になるとき
にしっかりとりたい食材ですが、調理時
間がかかるのが難点。でも、電子レンジな
ら短時間で味しみもしっかり。

[作 り 方]

1 下ごしらえ

れんこんと大根は7㎜厚さのいちょう切りにする。に
んじんは一口大の乱切りにする。豚肉は5㎝長さに
切る。Aは混ぜ合わせる。

2 レンチン

耐熱の大きめのボウルにれんこん、
大根、にんじんを入れて混ぜ、そ
の上に豚肉を広げ、Aをまわしか
ける。ふんわりとラップをかけて電
子レンジで**12分加熱**する。

3 仕上げ

全体を混ぜ合わせる。

★冷蔵庫で約4日間保存可能

豚こま団子の酢豚風

[材 料] 2人分

玉ねぎ … 1/2個（100g）

ピーマン … 2個

にんじん … 1/2本（80g）

豚こま切れ肉 … 150g

塩・こしょう … 各少々

片栗粉 … 小さじ2

A しょうが（すりおろす）… 小さじ1

　水 … 大さじ3

　酢・オイスターソース・トマトケチャップ
　　… 各大さじ1

　しょうゆ … 大さじ1/2

　砂糖・ごま油 … 各小さじ1

Memo

気が高ぶり、たくさん血を消費する春におすすめ。豚こまは片栗粉をまぶせば、揚げなくても、あんがよくからんで食べ応え十分。

[作 り 方]

1 下ごしらえ

玉ねぎは6等分のくし形切り、ピーマンは半分に切って種を取り、縦3等分に切る。にんじんは小さめの乱切りにする。豚肉は塩・こしょうを揉み込み、8等分にして平たい団子状に丸め、片栗粉をまぶす。

2 レンチン

耐熱の大きめのボウルにAを入れて混ぜ合わせ、にんじん、豚こま団子、玉ねぎ、ピーマンの順に重ね、ふんわりとラップをかけて電子レンジで11分加熱する。

3 仕上げ

全体に均一なとろみがつくまでよく混ぜる。

★冷蔵庫で約4日間保存可能

15

とん平焼き

豚肉も卵も体をうるおし血をつくる食材。組み合わせの相乗効果で乾燥からくる不調改善や貧血を予防

[材 料] 作りやすい分量

キャベツ … 1枚（50g）

豚バラ薄切り肉 … 50g

A ┃ 卵 … 1個
　┃ 水 … 大さじ1
　┃ 塩 … ひとつまみ

塩・こしょう … 各少々

お好み焼きソース・マヨネーズ … 各適量

お好みで青のり・紅しょうが … 各適量

[作り方]

1 （下ごしらえ）

キャベツは繊維を断つように5mm幅に切る。豚肉は3cm長さに切る。Aをボウルに入れて卵を溶きほぐすように混ぜ合わせる。

2 （レンチン）

耐熱の皿に、皿よりも大きめのラップを敷き、Aを流し入れる。キャベツ、豚肉の順にのせ、ラップをかけずに電子レンジで**3分加熱**する。豚肉に火が通っていない場合、**20秒ずつ様子を見ながら追加で加熱**する。

3 （仕上げ）

塩・こしょうをふって、そのままラップを半分に折りたたみ、包んだまま約3分おく。ラップをはずして器に盛り、ソースとマヨネーズをかけ、お好みで青のりをふり、紅しょうがを添える。

Memo

電子レンジならラップを折りたたむだけできれいに成形でき、こげつきやひっくり返すときの失敗もありません。

豚肉と
ピーマンのそぼろ

豚肉が体液を補って
ピーマンでイライラ対策

[材料] 作りやすい分量

ピーマン … 4個

しょうが … 1かけ

A │ 水 … 大さじ2

　　│ しょうゆ … 大さじ1

　　│ 酒 … 大さじ1/2

　　│ みりん … 大さじ1/2

　　│ 片栗粉 … 小さじ1

豚ひき肉 … 200g

[作り方]

1 　下ごしらえ

ピーマンは種を取り、1cm四方に切る。しょうがはみじん切りにする。

2 　レンチン

耐熱のボウルにAを入れてよく混ぜ合わせ、ひき肉、ピーマン、しょうがを加えて混ぜる。ふんわりとラップをかけて電子レンジで**2分30秒加熱**する。取り出して混ぜ、全体が均一になったら、再度ふんわりとラップをかけてさらに**2分加熱**する。

★冷蔵庫で約4日間保存可能

Memo

電子レンジ加熱は水分がとびにくいので、そぼろもしっとり。ごはんにのせたり、うどんと合わせて和え麺にしても。

豚肉ともやしのオイスター焼きそば

熱を冷ます取り合わせで真夏のランチにぴったり

[材料] 1人分

緑豆もやし … 1/2袋（100g）

にら … 3本

豚こま切れ肉 … 50g

A　しょうゆ … 小さじ1
　　片栗粉 … 小さじ1/2

B　水・オイスターソース … 各小さじ2
　　しょうゆ … 小さじ1
　　砂糖 … 小さじ1/2
　　片栗粉 … 小さじ1/4

焼きそば用蒸し麺 … 1玉（170g）

塩・粗びき黒こしょう … 各適量

Memo

調味液に少量の片栗粉を加えることで、全体によく味がからみます。しっかりと混ぜ合わせるのがポイント。

[作り方]

1　下ごしらえ

もやしはひげ根があれば取り除く。にらは4cm長さに切る。豚肉はAを揉み込む。

2　レンチン

① 耐熱の大きめのボウルに麺を入れて、直前によく混ぜ合わせたBをまわしかけ、もやし、豚肉の順に重ねる。ふんわりとラップをかけて電子レンジで3分加熱する。

② 全体を混ぜ合わせてにらをのせ、再度ふんわりとラップをかけてさらに2分加熱する。

3　仕上げ

塩で味をととのえ、器に盛り、粗びき黒こしょうをふる。

鶏肉

おなかを温める力に優れた鶏肉は、消化を整え、下痢や食欲不振によい食材。体の中心であるおなかを冷えから守ることでパワーを補い、元気にしてくれます。疲れがたまっているときのエネルギーチャージにおすすめです。

しっとり鶏ハム

ヘルシーで温め効果抜群の鶏ハムなら、サラダばかりで冷えがちなダイエット中も体に負担をかけずにパワーチャージ

[材料] 2人分

鶏むね肉 … 小1枚（250g）

A | 水 … 大さじ1
　| 酒 … 大さじ1
　| オリーブオイル … 大さじ1
　| 砂糖 … 大さじ1/2
　| 塩 … 小さじ1/2
　| 酢 … 小さじ1/2

お好みでルッコラ（ざく切り）・
　　　　レモン（くし形切り）・
　　　　粒マスタード … 各適量

Memo
厚い部分には包丁で切り込みを入れて厚みを均一に。加熱後はラップをかけたまましばらくおいて、余熱でしっとり仕上げましょう。

[作り方]

1 下ごしらえ
鶏肉は皮があれば取り除き、厚い部分には切り込みを入れ、フォークで数か所穴をあける。ポリ袋にAを入れて混ぜ合わせ、鶏肉を加えて揉み、室温に40分〜1時間おく。

2 レンチン

耐熱の皿に鶏肉を汁ごと入れ、ふんわりとラップをかけて**500Wの電子レンジで3分加熱**する。上下を返し、再度ふんわりとラップをかけてさらに**1分加熱**する。

3 仕上げ
ラップをかけたまま30分以上おき、食べやすい厚さに切って器に盛る。お好みでルッコラ、レモン、粒マスタードを添える。

★冷蔵庫で約3日間保存可能（鶏ハム）

[鶏肉の部位別レンチンのコツ]

　パサつきやすいむね肉やささみは、厚い部分に切り込みを入れるなどして厚さを均一にするほか、片栗粉をまぶすことでもしっとりと仕上げることができます。

　ひき肉はスープに使う場合はしっかりほぐして入れ、火が通りにくい団子状にする場合は、分量に対する個数を守って加熱時間に合ったサイズになるように。

　もも肉や手羽元は、火の通りすぎを気にしなくてもよい、使いやすい部位です。手羽元はだしがよく出るので、汁物や煮物に使うのがおすすめです。

鶏むね肉と彩り野菜の南蛮漬け

酢の酸味と香味野菜の力で気の巡りも整う

[材 料] 2人分

ピーマン … 1個

パプリカ（黄）… 1/4個

にんじん … 1/4本（40g）

玉ねぎ … 1/4個（50g）

鶏むね肉 … 小1枚（250g）

塩・こしょう … 各少々

片栗粉 … 小さじ1

A 赤唐辛子（輪切り）… 1本

　水 … 150mℓ

　しょうゆ・酢 … 各大さじ2と1/2

　砂糖 … 大さじ1と1/2

　ごま油 … 大さじ1/2

[作り方]

1 下ごしらえ

ピーマンとパプリカは種を取り、横に細切りにする。にんじんは細切り、玉ねぎは薄切りにする。鶏肉は皮があれば取り除いて縦半分にしてから、1.5cm厚さのそぎ切りにし、塩・こしょうをふって片栗粉をまぶす。

2 レンチン

耐熱のボウルにAを入れて混ぜ合わせ、鶏肉を加え、にんじんをのせてふんわりとラップをかけ、電子レンジで6分加熱する。

3 仕上げ

あくが出ていたら取り除き、温かいうちに残りの野菜を加えてさっと混ぜ、そのまま約10分おく。

★冷蔵庫で約4日間保存可能

鶏肉となすの
照り焼き

こってりもも肉と好相性
消化を助けるなすは

[材 料] 2人分

なす … 2本 (160g)

鶏もも肉 … 1枚 (300g)

A | しょうゆ … 大さじ1と1/2
　| 砂糖 … 大さじ1
　| ごま油・片栗粉 … 各小さじ1

お好みで白髪ねぎ・七味唐辛子
　　… 各適量

Memo

なすの切り込みは火の通りと味なじみをよく
するコツ。片栗粉は沈まないよう加熱前によ
く混ぜると、照りよく仕上がります。

[作り方]

1 下ごしらえ

なすはヘタを取って縦半分に切り、皮面に浅く斜めの切り
込みを入れ、横3等分に切る。鶏肉は余分な脂身を切り落
とし、厚い部分は繊維を断つように切り込みを浅く入れる。
ボウルにAを入れて混ぜ合わせ、鶏肉を加えてよく揉み込む。

2 レンチン

耐熱の皿になすを皮面を上にして並べ、
鶏肉を皮面を上にしてのせる。下ごしら
えのボウルに残ったAをよく混ぜてから
まわしかける。ラップをかけずに電子レ
ンジで**8分加熱**する。

3 仕上げ

粗熱がとれたら、鶏肉は食べやすい厚さに切り、なすととも
に器に盛る。残ったたれをよく混ぜてからかけ、お好みで
白髪ねぎと七味唐辛子を添える。

★冷蔵庫で約3日間保存可能

ザーサイ入り鶏団子の甘酢あんかけ

温性のザーサイ入り鶏団子で冷え知らず。
デトックスコンビの緑豆もやしと豆苗を添え、
あつあつの甘酢あんをたっぷりかけてどうぞ

[材料] 2人分

緑豆もやし … 1/2袋（100g）

豆苗 … 1/3袋

ザーサイ（しょうゆ漬け）… 30g

鶏ひき肉 … 150g

A｜しょうが（すりおろす）… 小さじ1

　｜片栗粉 … 大さじ1/2

　｜酒 … 小さじ1

　｜塩 … 小さじ1/4

B｜（甘酢あん）

　｜水 … 1/2カップ

　｜しょうゆ … 大さじ1

　｜トマトケチャップ … 大さじ1

　｜酢 … 小さじ2

　｜砂糖・片栗粉・ごま油 … 各小さじ1

[作り方]

1 (下ごしらえ)

もやしはひげ根があれば取り除く。豆苗は根元を落とし、長さを3等分に切る。ザーサイは粗く刻む。ボウルにひき肉とAを入れて粘りが出るまでよく練り、ザーサイを加えてさっと混ぜ、6等分にして団子状に丸める。

2 (レンチン)

①

②

① 耐熱の皿にもやしを敷き、鶏団子をのせる。ふんわりとラップをかけて電子レンジで**7分加熱**する。

② 耐熱のボウルにBを入れてよく混ぜ合わせ、ふんわりとラップをかけて電子レンジで**3分加熱**し、均一にとろみがつくまでよく混ぜる。

3 (仕上げ)

もやしに豆苗をさっと混ぜて器に盛り、鶏団子をのせ、甘酢あんをかける。

Memo

甘酢あんが余ったら、卵焼きや、香ばしく焼いた焼きそば麺にかけてもおいしい。

手羽元と白菜の
塩こうじ煮

腸の働きを助ける白菜と
塩こうじで便通改善

[材料] 2人分

白菜 … 300g

鶏手羽元 … 6本（300g）

塩こうじ … 大さじ3

Memo

汁けが多く出るので大きめのボウルを使い
ましょう。鶏手羽元は鶏もも肉（300g）に
替えてもおいしくできます。

[作り方]

1 （下ごしらえ）

白菜は、軸を4cm幅のそぎ切り、葉をざく切りにする。
手羽元は骨に沿って2か所切り込みを入れ、ボウル
に入れて塩こうじを揉み込んで30分おく。

2 （レンチン）

耐熱の大きめのボウルに白菜の
軸、葉、手羽元の順に重ねて入れ
る。下ごしらえのボウルに残った
塩こうじに水1/2カップ（分量外）
を合わせて混ぜ、耐熱のボウルに
加える。ふんわりとラップをかけて
電子レンジで**12分**加熱する。

3 （仕上げ）

さっと混ぜ合わせて、器に盛る。

★冷蔵庫で約3日間保存可能

鶏ひき肉と
わかめのスープ

おなかの調子を整える
食材の組み合わせ

[材料] 2人分

長ねぎ … 5㎝

鶏ひき肉 … 60g

わかめ（乾燥）… 3g

A｜水 … 2カップ
　｜塩 … 小さじ1/2

こしょう … 適量

[作り方]

1 下ごしらえ

長ねぎは小口切りにする。

2 レンチン

耐熱のボウルにひき肉、わかめ、長
ねぎ、Aを入れる。ひき肉をほぐし
ながら混ぜ合わせ、ふんわりとラッ
プをかけて電子レンジで4分加熱
する。

3 仕上げ

あくが出ていたら取り除き、こしょうで味をととのえる。

Memo

だしが出やすいひき肉は、水の状態から電
子レンジに入れてじっくり加熱することで、う
まみがグンと引き出されます。

牛肉

「気」を補い、体のガソリンともいうべき血をつくる牛肉は、パワー補給に絶大な力を発揮。消化吸収の要となる「脾」を強くし、胃を元気にしてくれるので、食欲不振、胃もたれ、消化不良、疲労が気になるときにとりたい食材です。

牛肉と豆腐のすき煮

甘辛い牛肉に卵をからめて。
どちらも造血に働く食材で
貧血や月経トラブルなど女性の不調改善に

[材 料] 2人分

長ねぎ … 1本

木綿豆腐 … 1/2丁 (150g)

A　水 … 50㎖

　　しょうゆ … 大さじ1と1/2

　　砂糖 … 小さじ2

　　酒 … 大さじ1/2

牛切り落とし肉 … 80g

温泉卵 … 2個

お好みで七味唐辛子 … 適量

Memo

すき焼きよりも少ない材料で手軽に作れる煮物です。温泉卵ではなく、生卵につけて食べてもOK。

[作り方]

1 下ごしらえ

長ねぎは青い部分まで1cm幅の斜め切りにし、木綿豆腐は8等分に切る。

2 レンチン

耐熱の大きめのボウルにAを入れて混ぜ合わせ、豆腐、長ねぎの順に重ね、牛肉を広げてのせる。ふんわりとラップをかけて電子レンジで**7分加熱**する。

3 仕上げ

豆腐をくずさないようさっと混ぜ、器に盛る。温泉卵をのせ、お好みで七味唐辛子をふる。

★温泉卵をのせない状態で、冷蔵庫で約3日間保存可能

[牛肉の部位別レンチンのコツ]

　豚肉と同様、厚さにバラつきが多いかたまり肉は、火が均一に通りにくいためおすすめできません。薄切り肉でも、本書では手軽に使える切り落とし肉を使ったレシピを紹介しています。

　加熱の際は、パサつきやかたくなるのを防ぐため、よく広げて一番上にのせ、火が通りすぎないようにしてください。

　アスパラガスの牛肉巻きのように、食材に巻きつけるレシピでは、巻きつけてから手でぎゅっとにぎると、切り落とし肉でもバラバラしません。なるべくきれいに切られた切り落とし肉を選ぶことも、より巻きつけやすくなるポイントです。

牛肉と春菊の
しょうがポン酢蒸し

春菊がイライラを和らげて
不眠改善も期待できる

[材 料] 2人分

春菊 … 1束（180g）

しょうが … 2かけ

A　ポン酢しょうゆ … 大さじ2

　　酒 … 大さじ1/2

　　ごま油 … 小さじ2

牛切り落とし肉 … 100g

[作り方]

1　下ごしらえ

春菊は葉と茎に分けて4cm長さに切り、茎が太いものは縦半分に切る。しょうがはせん切りにする。Aは混ぜ合わせる。

2　レンチン

耐熱の大きめのボウルに春菊の茎、葉の順に重ね、牛肉を広げてのせる。しょうがを散らし、Aをまわしかけ、ふんわりとラップをかけて電子レンジで5分加熱する。

3　仕上げ

さっと混ぜ合わせる。

★冷蔵庫で約3日間保存可能

Memo

春菊は茎、葉の順に重ねることで火の通りが均一になるようにします。最後にしょうがを散らして牛肉の臭み消しに。

アスパラガスの牛肉巻き

アスパラガスの力で
口の渇きやむくみを解消

[材料] 作りやすい分量

グリーンアスパラガス … 8本（200g）

牛切り落とし肉 … 240g

塩・粗びき黒こしょう … 各少々

薄力粉 … 大さじ1/2

バター … 10g

A　にんにく（すりおろす）… 少々

　　しょうゆ … 大さじ1と1/2

　　酒・みりん … 各大さじ1/2

Memo

牛肉を巻いたあと、手で軽くにぎることで肉が密着します。バターを散らせば、フライパンで焼いたようなコクのある味わいに。

[作り方]

1 下ごしらえ

アスパラガスは根元を約3cm切り落とし、下1/3ほどの皮をピーラーでむき、半分の長さに切る。牛肉を広げてアスパラガスを巻き、表面全体に塩・粗びき黒こしょうをふって薄力粉をまぶす。バターは1cm角に切る。Aは混ぜ合わせる。

2 レンチン

耐熱の皿に肉を巻いたアスパラガスを並べ、バターを散らし、Aをまわしかける。ふんわりとラップをかけて電子レンジで**6分加熱**する。

3 仕上げ

全体にたれがからむように、さっと混ぜ合わせる。

★冷蔵庫で約3日間保存可能

合いびき肉

豚肉と牛肉の効能、両方を備える合いびき肉。気・血・体液をバランスよく補給できます。

[材料] 2人分

玉ねぎ … 1/4個（50g）

しめじ … 1/2パック（75g）

マッシュルーム … 5〜6個

卵 … 1個

A｜ パン粉 … 大さじ4
　｜ 牛乳 … 大さじ2

合いびき肉 … 200g

塩 … 小さじ1/3

粗びき黒こしょう・
　ナツメグパウダー … 各適量

酒 … 小さじ2

B｜ 生クリーム … 1/2カップ
　｜ 牛乳 … 50mℓ
　｜ にんにく（すりおろす） … 少々
　｜ しょうゆ・片栗粉
　｜ 　 … 各小さじ1
　｜ 塩 … ふたつまみ

お好みでパセリ（みじん切り）
　 … 適量

[作り方]

1 （下ごしらえ）

玉ねぎはみじん切りにする。しめじは石づきを取ってほぐす。マッシュルームは縦半分に切る。ボウルに卵を溶き、Aを加えて混ぜ合わせる。パン粉がふやけたら、ひき肉、塩、粗びき黒こしょう、ナツメグパウダーを加えて粘りが出るまでよく練る。玉ねぎを加えて混ぜ、ボウルに叩きつけて空気を抜き、2等分にする。

2 （レンチン）

① サラダ油（分量外）を手に塗り、2等分にした肉だねを空気を抜きながら小判形に成形し、耐熱の皿にのせて中央を軽くくぼませる。耐熱の皿の空いたところにしめじ、マッシュルームをおき、酒をふり、ふんわりとラップをかけて電子レンジで**8分加熱**する。粗熱をとり、出てきた油とあくを取り除く。

② 直前によく混ぜたBをまわしかけ、ラップをかけずにさらに**2分加熱**する。

3 （仕上げ）

器に盛り、お好みでパセリを散らす。

★冷蔵庫で約3日間保存可能

煮込みクリームハンバーグ

体を乾燥から守る牛乳と生クリームで煮込む
こっくりとしたソースがおいしい。
空気が乾く秋にきのこたっぷりで作りたい一品

大根入り ミートソースのペンネ

大根とトマトが消化を
促進する軽めなソース

[材 料] 2〜3人分

大根 … 4cm（200g）

玉ねぎ … 1/2個（100g）

にんじん … 1/2本（80g）

にんにく … 1かけ

トマト水煮缶（ホールタイプ）
　　… 1/2缶（200g）

A　赤ワイン・中濃ソース … 各大さじ1

　　片栗粉 … 大さじ1/2

　　塩 … 小さじ2/3

　　ナツメグパウダー … 3〜4ふり

　　粗びき黒こしょう … 適量

合いびき肉 … 100g

ローリエ … 1枚

B　水 … 2と1/2カップ

　　オリーブオイル … 大さじ1

　　塩 … 小さじ1/2

ペンネ … 150g

[作り方]

1　下ごしらえ

大根は1cm角に切る。玉ねぎ、にんじん、にんにくはみじん切りにする。トマトの水煮はフォークでなめらかになるまでつぶす。

2　レンチン

① ②

① 耐熱の大きなボウルにトマトとAを入れてよく混ぜ、ひき肉、大根、玉ねぎ、にんじん、にんにくを加えて混ぜ、ローリエを入れる。ふんわりとラップをかけて電子レンジで10分加熱して混ぜ、再度ふんわりとラップをかけてさらに8分加熱し混ぜる。

② ボウルにBとペンネを入れ、ラップをかけずに電子レンジで袋表示のゆで時間＋3分（ゆで時間12分なら15分）加熱する。

3　仕上げ

ペンネをざるにあげてオリーブオイル適量（分量外）をまわしかけ、全体になじませる。ボウルにペンネとミートソース適量を入れて混ぜ、器に盛って粗びき黒こしょう適量（分量外）をふり、削ったパルミジャーノレッジャーノ（分量外）をかける。

★冷蔵庫で約4日間保存可能（ミートソース）

キーマカレー

スパイスが食欲を刺激。
冷え改善にももってこい

[材 料] 2人分

玉ねぎ … 1/2個（100g）

トマト水煮缶（ホールタイプ）… 1/2缶（200g）

A｜しょうが（すりおろす）… 小さじ2
　｜にんにく（すりおろす）… 小さじ1/2
　｜カレー粉 … 小さじ2
　｜片栗粉 … 小さじ1と1/2
　｜塩 … 小さじ1/2

合いびき肉 … 200g

コーン缶 … 60g

ごはん … 茶わん2杯分

粗びき黒こしょう … 適量

Memo

煮詰めることができない電子レンジ調理で
は、味がしっかりした食材を選ぶのがコツ。
トマト水煮缶は味の濃いホールタイプを。

[作 り 方]

1　下ごしらえ

玉ねぎはみじん切りにする。トマトの水煮はフォークで
なめらかになるまでつぶす。

2　レンチン

耐熱のボウルにトマトとAを入れて
混ぜ合わせ、均一になったらひき
肉、玉ねぎ、コーンを加えて混ぜ、
ふんわりとラップをかけて電子レン
ジで**5分加熱**する。一度取り出して
混ぜ、再度ふんわりとラップをかけ
てさらに**4分加熱**する。

3　仕上げ

ごはんとともに器に盛り、粗びき黒こしょうをふる。

★冷蔵庫で約4日間保存可能（カレー）

ソーセージ、ブロッコリー、チーズのホットサラダ

保湿効果のあるチーズをまとわせ、うるおいアップ

[材 料] 2人分

ブロッコリー … 1/2個（180g）

ウインナソーセージ … 4本（80g）

ピザ用チーズ … 20g

A　オリーブオイル … 大さじ1

　　酢 … 大さじ1/2

　　塩 … 小さじ1/2

　　砂糖 … ひとつまみ

Memo

豚肉の加工品は豚肉と同様うるおい効果
が期待できます。厚切りハムで代用も可能。
チーズはこげつかないようあとからプラス。

[作 り 方]

1 下ごしらえ

ブロッコリーは小房に分ける。茎は厚めに皮をむき、1cm厚
さの輪切りにする。ソーセージは斜め半分に切る。

2 レンチン

① 　　　　　　②

① 耐熱の皿にブロッコリーを並べ、ふんわりとラップをかけて
電子レンジで**3分加熱**する。

② ブロッコリーの上にソーセージをのせ、チーズを散らし、
再度ふんわりとラップをかけてさらに**2分加熱**する。

3 仕上げ

器に盛って、均一になるまでよく混ぜた**A**をまわしかける。

ベーコンときのこの
オイルパスタ

腸のすべりをよくする
きのことオイルで便通改善

[材料] 2人分

生しいたけ … 2枚 (40g)

エリンギ … 1本 (60g)

にんにく … 1かけ

ベーコン … 2枚

A　赤唐辛子 (輪切り) … 1本
　　水 … 2カップ
　　塩 … 小さじ1/2

スパゲッティ (1.6mm) … 160g

オリーブオイル … 大さじ1/2

粗びき黒こしょう … 適量

Memo

加熱後は水分がやや残るくらいでOK。全体を混ぜていくうちにちょうどいい具合に仕上がります。1人分で作る場合は、水を300mlにし、それ以外はすべて半量に。加熱時間はスパゲッティの袋表示のゆで時間と同じで、必ずスパゲッティが水に浸るように。

[作り方]

1　下ごしらえ

しいたけは石づきを取り、かさと軸それぞれ薄切りにする。エリンギは長さを半分に切って薄切りにする。にんにくはみじん切り、ベーコンは1cm幅に切る。

2　レンチン

耐熱のボウルにAを入れて混ぜ、スパゲッティを半分に折って入れる。さっと混ぜ、しいたけ、エリンギ、ベーコン、にんにくの順に重ねる。ラップをかけずに電子レンジで**スパゲッティの袋表示のゆで時間＋3分 (ゆで時間9分なら12分) 加熱**する。

3　仕上げ

オリーブオイルを加えて汁けが少なくなるまで混ぜる。器に盛り、粗びき黒こしょうをふる。

魚介類

本書のレシピに登場するたら、鮭、さば、ツナなどは血にアプローチする食材。造血に働き、血流を促します。エネルギー源になる「気」を補うので、疲れやすい、免疫力が落ちていると感じたら、肉と同様、魚介もおすすめです。

たらとじゃがいものガーリックバター

じゃがいもとたらは相性のよい食材。薬膳ではどちらも「気」を補う名コンビ。疲れていたり、食欲不振のときにぜひ

[材 料] 2人分

たら … 2切れ（180g）

じゃがいも … 大1個（150g）

玉ねぎ … 1/4個（50g）

にんにく … 1かけ

バター … 10g

塩 … 小さじ1/4

粗びき黒こしょう … 適量

お好みでイタリアンパセリ

（粗みじん切り）… 適量

Memo

火の通りにくいじゃがいもは、一番下に。上に食材を重ねることで蒸す効果も加わります。たらは鮭でもおいしく作れます。

[作 り 方]

1 下ごしらえ

たらは塩少々（分量外）をふって10分おき、出てきた水けをペーパータオルでふき取り、骨を取り除いて4等分に切る。じゃがいもは皮をむいて7mm厚さの半月切りにし、水に約10分さらして水けをきる。玉ねぎは薄切り、にんにくは粗いみじん切りにする。バターは1cm角に切る。

2 レンチン

耐熱の皿にじゃがいも、玉ねぎ、にんにくの順に重ね、塩の半量をふる。たらをのせ、塩の残り半量をふり、バターを散らす。ふんわりとラップをかけて電子レンジで6〜7分、**じゃがいもがやわらかくなるまで加熱**する。

3 仕上げ

全体をさっと混ぜ、器に盛り、粗びき黒こしょうをふる。お好みでイタリアンパセリを散らす。

★冷蔵庫で約3日間保存可能

[切り身魚・缶詰・冷凍品のレンチンのコツ]

比較的厚みが均一な切り身魚は電子レンジ調理に向いているといえます。平たい皿に並べて加熱するか、一口大に切る場合は形よりも重さが均一になることを意識して切り分けると加熱ムラを防げます。

缶詰はそのままでも食べられるものなので、加熱ムラはあまり気にしなくても大丈夫。水煮などは缶汁にだしが出ているので、まるごと活用してみましょう。

冷凍品は解凍すると水が出やすく、身が縮んでかたくなりやすいので、様子を見ながら調理するなど、加熱しすぎに注意を。

鮭とわかめ、
きのこのレンジ蒸し

鮭とわかめの相乗効果で
むくみ解消によい一品

[材料] 2人分

生鮭 … 2切れ（180g）

わかめ（塩蔵）… 20g

しめじ … 1パック（150g）

塩 … 小さじ1/3

A｜水 … 大さじ1/2
　｜酒 … 大さじ1/2

ポン酢しょうゆ … 適量

[作り方]

1 下ごしらえ

鮭は塩少々（分量外）をふって10分おき、出てきた水けをペーパータオルでふき取る。わかめは塩を洗い流し、水につけて袋の表示通りにもどし、食べやすい大きさに切る。しめじは石づきを取ってほぐす。

2 レンチン

耐熱の皿にしめじをのせて塩の半量をふる。その上に鮭、わかめの順にのせ、塩の残り半量をふる。Aを混ぜ合わせてまわしかけ、ふんわりとラップをかけて電子レンジで4〜5分、鮭に火が通るまで加熱する。

3 仕上げ

汁けをきって器に盛り、ポン酢しょうゆをかける。

Memo

加熱後に全体を混ぜ合わせにくい切り身魚は、加熱前の重ねる時点で2段階で塩をふります。そうすれば味ムラの心配がありません。

さば缶大根

眼精疲労の予防に効果的
造血、血流を促すさばは

[材料] 2人分

大根 … 6cm（300g）

しょうが … 2かけ

さばの水煮缶 … 1缶（190g、固形量140g）

A 水 … 1/2カップ
しょうゆ … 大さじ2
みりん … 大さじ2

[作り方]

1 下ごしらえ

大根は一口大の乱切り、しょうがはせん切りにする。さばの水煮は身を大きめにほぐす。缶汁はとっておく。

2 レンチン

耐熱のボウルにAを入れて混ぜ合わせ、大根、さば（汁ごと）の順に入れ、しょうがを散らし、ふんわりとラップをかけて電子レンジで**13〜15分、大根がやわらかくなるまで加熱する。**

★冷蔵庫で約4間保存可能

Memo

大根は加熱中に乾燥しないよう、しっかり調味液に浸します。さばはうまみが全体に行き渡るよう、ほどよくほぐして散らします。

ツナ、玉ねぎ、チーズのオムレツ

貧血、目の疲れ、月経不順に

ツナの造血作用が働く

[材 料] 作りやすい分量

ツナ缶（油漬け）… 1缶（70g）

玉ねぎ … 1/4個（50g）

卵 … 3個

A　牛乳 … 大さじ2
　　塩 … ふたつまみ

ピザ用チーズ … 20g

トマトケチャップ … 適量

Memo

加熱が均等になるように、大きめのボウルを使います。2度目の加熱は火が通りすぎないよう、状態を見ながら目を離さずに。

[作り方]

1 （下ごしらえ）

ツナは缶汁をきる。玉ねぎはみじん切りにする。ボウルに卵を溶きほぐし、Aを加えて混ぜ、均一になったらツナ、玉ねぎ、ピザ用チーズを加えて混ぜ合わせて卵液を作る。

2 （レンチン）

耐熱の大きなボウルに、ボウルよりも大きめのラップを敷き、卵液を流し入れる。ラップをかけずに500Wの電子レンジで2分加熱する。取り出して混ぜ、さらに2〜3分、表面が半熟になるまで加熱する。

3 （仕上げ）

ラップの上下を合わせて包み、両端をキャンディー状にねじってオムレツの形に整え、そのまま約5分おく。ラップをはずして器に盛り、トマトケチャップをかける。

マッシュルーム、シーフードのアヒージョ

いかとあさりで造血、えびで腎を養いアンチエイジング

[材料] 2人分

マッシュルーム … 100g

A　にんにく（粗みじん切り）… 2かけ

　　赤唐辛子（輪切り）… 1本

　　塩 … 小さじ1/2

　　オリーブオイル … 大さじ4

シーフードミックス（冷凍）… 100g

お好みでパセリ（みじん切り）… 適量

[作り方]

1 下ごしらえ

マッシュルームは縦半分に切る。

2 レンチン

耐熱のボウルにAを入れて混ぜ合わせ、マッシュルーム、冷凍のままのシーフードミックスを加えて混ぜる。ふんわりとラップをかけて電子レンジで**3分30秒加熱**する。

3 仕上げ

器に盛り、お好みでパセリを散らす。

Memo

温めの代表選手ともいえるえび、にんにく、赤唐辛子入り。電子レンジ調理なら少なめのオイルでおいしくできます。

豆腐や厚揚げなどの大豆加工品は、体液をつくり、乾燥から体を守ります。消化不良やおなかの張り、便秘といったおなかの不調にも効果的。体を冷ます性質なので、秋〜冬や冷えのある人は湯豆腐など温かくしていただきましょう。

豆腐とにらの卵とじ

豆腐と卵はどちらも体液を補う食材。加齢による体の渇きをうるおし、にらを加えて冷えすぎもしっかり予防

[材 料] 2人分

木綿豆腐 … 1丁（300g）

にら … 1/4束（25g）

卵 … 2個

A | しょうゆ … 大さじ1と1/2
　 | 砂糖 … 小さじ1

Memo

卵は、あえてしっかり溶かず、さらに2回に分けて加えることでふんわりとろっと半熟に仕上げることができます。

[作り方]

1 下ごしらえ

豆腐は半分に切り、1.5cm厚さの食べやすい大きさに切る。にらは4cm長さに切る。卵は白身が残る程度にざっくり溶く。Aは混ぜ合わせる。

2 レンチン

① ②

① 耐熱の皿に豆腐を並べ、にらをのせ、Aをまわしかける。溶き卵の半量をまわしかけ、ふんわりとラップをかけて電子レンジで**2分加熱**する。

② 残りの卵をまわしかけ、再度ふんわりとラップをかけてさらに**2分30秒〜3分、卵が好みのかたさになるまで加熱**する。

[豆腐・厚揚げのレンチンのコツ]

　豆腐も厚揚げも薬膳的な効能は同じ。どちらを使うかは、例えばほかの具材と合わせたときに食感を楽しみたい場合は厚揚げを、卵とじのようにふんわり仕上げるものや、ハンバーグのたねには豆腐を選びましょう。

　電子レンジ調理では加熱後に材料をよく混ぜると味なじみがよくなるのですが、豆腐はくずれてしまうおそれがあるので、加熱後そのまま器に移すことを想定して材料を重ねます。

　また、豆腐料理では、下ごしらえでも電子レンジが大活躍。ペーパータオルで包んで加熱すれば、時短で水きりが完了。

ひじき入り
豆腐ハンバーグ

ひじきで「心」を強め、白髪や抜け毛も予防

[材料] 2人分

絹ごし豆腐 … 1/2丁（150g）

玉ねぎ … 1/4個（50g）

芽ひじき（乾燥）… 3g

A ┌ パン粉 … 大さじ3
　└ 牛乳 … 大さじ2

豚ひき肉 … 150g

塩 … 小さじ1/2

大葉・大根おろし・ポン酢しょうゆ
　… 各適量

お好みで水菜（4cm長さに切る）・
　ミニトマト（半分に切る）
　… 各適量

Memo

電子レンジで水きりした豆腐はしっかり冷ましてから肉だねに加えます。熱いと肉の脂が溶けてしまうので要注意。

[作り方]

1 下ごしらえ

豆腐はペーパータオルで包み、耐熱の皿にのせて電子レンジで**2分30秒加熱**する。粗熱がとれたら冷蔵庫に入れて冷ます。玉ねぎはみじん切りにする。芽ひじきは袋の表示通りに水につけてもどし、水けをきる。Aは合わせてパン粉をふやかす。ボウルにひき肉、豆腐、玉ねぎ、A、塩を入れ、豆腐をつぶしながら粘りが出るまでよく練る。芽ひじきを加えて混ぜ、均一になったら、ボウルに叩きつけて空気を抜き、2等分にする。

2 レンチン

手にサラダ油適量（分量外）を塗り、2等分にした肉だねを空気を抜きながら小判形に成形し、耐熱の皿にのせて中央を軽くくぼませる。ふんわりとラップをかけて電子レンジで**9分加熱**する。

3 仕上げ

器に盛り、大葉、大根おろしをのせ、ポン酢しょうゆをかける。お好みで水菜、ミニトマトを添える。

★冷蔵庫で約3日間保存可能（ハンバーグ）

厚揚げとかぶのきのこあんかけ

食べすぎてしまったときは
消化を助けるかぶときのこを

[材 料] 2人分

かぶ … 1個（100g）

生しいたけ … 2枚（40g）

えのきたけ … 1/2袋（100g）

厚揚げ … 1枚（180g）

酒 … 大さじ1

A（きのこあん）

片栗粉 … 大さじ1/2

水 … 1/2カップ

しょうゆ … 大さじ1

酢 … 大さじ1/2

砂糖・ごま油 … 各小さじ1

塩 … 少々

Memo

きのこはしめじやまいたけなどお好みのもの
でOK。調味液の片栗粉はしっかり混ぜて
から加えます。

[作り方]

1　下ごしらえ

かぶは茎を3cmほど残し、8等分のくし形切りにする。しい
たけは石づきを取ってかさと軸それぞれ薄切りにする。え
のきたけは根元を切り落として長さを3等分に切る。厚揚
げは8等分に切る。

2　レンチン

① ②

① 耐熱の皿に厚揚げ、かぶを並べて酒をまわしかけ、ふん
わりとラップをかけて電子レンジで5分加熱する。

② 耐熱のボウルにしいたけ、えのきたけ、Aを入れ、均一
になるようよく混ぜ、ふんわりとラップをかけて電子レンジ
で3分加熱し、とろみがつくまでよく混ぜる。

3　仕上げ

厚揚げとかぶに塩をふって器に盛る。きのこあんを厚揚げ
とかぶにかける。

★冷蔵庫で約3日間保存可能

作りおきで薬膳弁当 1

エネルギーが必要な日に
元気を補うお肉のお弁当

menu

◎ 鶏肉となすの照り焼き → 作り方 p.23

◎ ツナとにんじんと玉ねぎのマリネ → 作り方 p.77

◎ さつまいものはちみつレモン煮 → 作り方 p.88

◎ ブロッコリーの黒ごまみそ和え → 作り方 p.92

主菜の鶏肉となすはどちらも「脾」を養って胃を助け、副菜のさつまいもは腸のすべりをよくするため、胃腸を整えて消化吸収力がアップ。造血に働くにんじん、ツナ、黒ごまの力で血流もよくなり、吸収した養分が全身に届けられて体中に元気がみなぎります。

PART2

症状別

レンチン薬膳ごはん

ここでは、冷えや便秘といった、11のよくある体の不調を
改善してくれるレシピを紹介します。
ちょっと気になるな……ということがあったら、
気軽に試してみてください。
おかゆやスープ、パスタやカレーなどもレンチンで簡単に作れます。

体を温める食材といえば鶏肉、鮭、えび、玉ねぎなど。ねぎやしょうが、にんにくといった薬味、赤唐辛子やシナモンなどの香辛料は温め効果絶大なので、たっぷり使うと冷え対策に効果的。

かぼちゃの
シナモンがゆ

漢方薬にも使われるシナモンで
ぽかぽか効果をアップ

[材料] 1人分

かぼちゃ … 100g

温かいごはん … 80g

A｜水 … 150㎖
　｜砂糖 … 小さじ1
　｜塩 … 小さじ1/3

シナモンパウダー … 適量

[作り方]

1　下ごしらえ

かぼちゃは2〜3cm角に切り、厚めに皮をむく（正味60g）。

2　レンチン

① 　　　　②

① 耐熱のボウルにかぼちゃ、水大さじ1（分量外）を入れ、ふんわりとラップをかけて電子レンジで**3〜4分、かぼちゃがやわらかくなるまで加熱**し、フォークの背でなめらかになるまでつぶす。

② 中くらいのボウルにごはん、つぶしたかぼちゃとAを入れて混ぜ合わせ、ふんわりとラップをかけて電子レンジで**3分加熱**し、そのまま約5分蒸らす。

3　仕上げ

シナモンパウダーふたつまみを加えて混ぜ合わせる。器に盛り、さらにシナモンパウダー適量をふる。

[材料] 2人分

玉ねぎ … 1/4個（50g）

にんにく … 2かけ

えび（殻付き）… 10〜15尾（200g）

片栗粉 … 小さじ2

塩 … 小さじ1/2

A｜バター … 10g

　｜オリーブオイル … 大さじ1

　｜塩 … 小さじ1/2

お好みでパセリ（みじん切り）・

　レモン（くし形切り）… 各適量

ガーリックシュリンプ

滋養強壮にもよいえびで
慢性的な冷えを解消

[作り方]

1 下ごしらえ

玉ねぎはみじん切り、にんにくは粗みじん切りにする。えびは殻ごと背中に切り込みを入れ、包丁の切っ先で背ワタをかき出す。片栗粉と塩をまぶし、水を何度かかえながら洗い、ペーパータオルで水けをふき取る。

2 レンチン

① 耐熱のボウルに玉ねぎ、にんにく、Aを入れて混ぜ合わせ、ふんわりとラップをかけて電子レンジで3分加熱する。

② えびを加えて混ぜ合わせ、耐熱の皿に広げてラップをかけずに3分加熱する。

3 仕上げ

器に盛り、お好みでパセリを散らし、レモンを添える。

（便 秘）

薬膳で考える便秘の原因は冷え、腸の乾燥、緊張などがありますが、いずれも腸の巡りを促進して、すべりをよくするのが改善のポイント。乳製品やナッツ、きのこ類がおすすめです。

ハムと白菜のミルクスープ

腸の巡りを整える
うまみたっぷりのスープ

[材料] 2人分

白菜 … 150g

ロースハム … 2枚

A ┌ しょうが（すりおろす）… 小さじ1

　├ 水 … 1カップ

　└ 塩 … 小さじ1/2

牛乳 … 1カップ

粗びき黒こしょう … 適量

[作り方]

1 下ごしらえ

白菜は繊維を断つように1cm幅に切る。ハムは半分に切り、1cm幅に切る。

2 レンチン

① 耐熱の大きなボウルにAを入れて混ぜ合わせ、白菜、ハムを加え、ふんわりとラップをかけて電子レンジで12分加熱する。

② 牛乳を加え、再度ふんわりとラップをかけてさらに2分加熱する。

3 仕上げ

器に盛り、粗びき黒こしょうをふる。

[材料] 2人分

しめじ … 1 パック（150g）

まいたけ … 1 パック（120g）

しょうが … 1 かけ

A 水 … 50㎖

ポン酢しょうゆ … 大さじ 2 と1/2

ごま油 … 小さじ 2

砂糖 … 小さじ 1

豚こま切れ肉 … 100g

細ねぎ（斜め薄切り）… 適量

[作り方]

1 下ごしらえ

しめじは石づきを取ってほぐす。まいたけは食べやすい大きさにほぐす。しょうがはせん切りにする。Aは混ぜ合わせる。

2 レンチン

耐熱のボウルにしめじ、まいたけ、しょうがの順に入れ、豚肉を広げてのせる。Aをまわしかけ、ふんわりとラップをかけて電子レンジで 7 分加熱する。

3 仕上げ

器に盛り、細ねぎをのせる。

★冷蔵庫で約 3 日間保存可能

豚肉ときのこの
ポン酢煮

お好みのきのこでアレンジOK。
乾燥タイプの便秘の特効薬

（むくみ）

冷えや、水を巡らすパワー不足からくるむくみには、水分代謝をサポートするウリ科の野菜、豆類、海藻を。緑豆から作られるもやしや春雨は、手軽で取り入れやすい食材です。

豚肉ともやしのみそ炒め

緑豆の効能を手軽に
体の湿気対策の定番食材。

[材料] 2人分

緑豆もやし … 1袋（200g）

豚バラ薄切り肉 … 100g

A みそ … 大さじ1
  しょうゆ・ごま油 … 各小さじ1

赤唐辛子（輪切り） … 1本

粗びき黒こしょう … 適量

[作り方]

1 下ごしらえ

もやしはひげ根があれば取り除く。豚肉は4cm長さに切り、Aと合わせて揉み込む。

2 レンチン

耐熱のボウルにもやし、赤唐辛子の順に入れ、その上に豚肉を広げてのせる。ラップをかけずに電子レンジで7分加熱する。

3 仕上げ

全体をさっと混ぜ、水けをきって器に盛り、粗びき黒こしょうをふる。

[材料] 2人分

なす … 2本（160g）

緑豆春雨 … 20g

豚ひき肉 … 100g

A　しょうが（すりおろす）… 小さじ 1/2

　　にんにく（すりおろす）… 小さじ 1/4

　　オイスターソース … 大さじ 1

　　しょうゆ … 大さじ 1/2

　　片栗粉 … 小さじ 1

　　ごま油 … 小さじ 1
　　トウバンジャン
　　豆板醤 … 小さじ 1/3 〜 1/4

お好みで細ねぎ（小口切り）… 適量

[作り方]

1　下ごしらえ

なすは 1cm 厚さの半月切りにする。春雨はキッチンばさみで食べやすい長さに切る。ひき肉はＡと合わせてよく混ぜる。

2　レンチン

耐熱のボウルに春雨、水 150 mℓ（分量外）を入れて混ぜ、なす、ひき肉の順に重ねる。ふんわりとラップをかけて、電子レンジで 7分加熱する。

3　仕上げ

肉をほぐしながら全体が均一になるまでよく混ぜ、器に盛って、お好みで細ねぎをのせる。

★冷蔵庫で約3日間保存可能

豚ひき肉となすの春雨煮

水分代謝を促す
なすと春雨のコンビ

血をつくる食材だけでなく、巡りを助ける食材も併せてとることが大事。さば、にんじん、卵、黒きくらげは造血の代表選手。とくに黒きくらげは血流も促進してくれる優れもの。

さば缶と
おろしにんじんのカレー

缶詰レシピで
手軽に貧血予防を

[材料] 2人分

にんじん … 1本（160g）

玉ねぎ … 1/2個（100g）

さばの水煮缶 … 1缶（190g、固形量140g）

A しょうが（すりおろす） … 小さじ1
　 にんにく（すりおろす） … 小さじ1/4
　 水 … 1/2カップ
　 トマトケチャップ … 大さじ1
　 片栗粉 … 大さじ1/2
　 しょうゆ … 小さじ2
　 カレー粉 … 小さじ1と1/2
　 塩 … 小さじ1/4

ごはん … 茶わん2杯分

お好みでパセリ（みじん切り） … 適量

[作り方]

1 下ごしらえ

にんじんはすりおろし、玉ねぎは横半分に切り、繊維に沿って薄切りにする。さばの水煮は身と汁に分け、身を細かくほぐす。

2 レンチン

耐熱のボウルにAとさば缶の汁を入れて均一になるように混ぜ、にんじん、玉ねぎを加えて混ぜ合わせる。さばをのせ、ふんわりとラップをかけて電子レンジで7分加熱し、よく混ぜる。

3 仕上げ

ごはんとともに器に盛り、お好みでパセリを散らす。

★冷蔵庫で約4日間保存可能（カレー）

黒きくらげ（乾燥）… 3g

細ねぎ … 2本

かに風味かまぼこ … 3本（30g）

卵 … 3個

A｜オイスターソース … 小さじ1
　｜ごま油 … 小さじ1/2
　｜塩 … ひとつまみ
　｜こしょう … 少々

黒きくらげと細ねぎの 中華風オムレツ

黒きくらげ入りで
肌つやの改善も期待

[作り方]

1 下ごしらえ

黒きくらげは袋の表示通りにぬるま湯でもどす。かたい石づきがあれば取り除いて細切りにする。細ねぎは小口切りにする。かに風味かまぼこは長さを半分に切ってほぐす。ボウルに卵を割りほぐし、Aを加えて均一になるまでよく混ぜ、きくらげ、細ねぎ、かまぼこを加えて混ぜ合わせ、卵液を作る。

2 レンチン

中くらいの耐熱のボウルに、ボウルよりも大きめのラップを敷き、卵液を流し入れる。ラップをかけずに500Wの電子レンジで1分30秒加熱する。取り出して混ぜ、さらに40秒加熱して混ぜ、表面に火が通るまで、様子を見ながら20〜30秒ずつ加熱する。

3 仕上げ

ボウルに入れたままラップを内側に折りたたんで全体を包み、約10分おく。器にオムレツを返して盛り、食べやすい大きさに切る。

（ 疲労 ）

疲れが抜けない、少し動いただけで息が切れるなど、疲労を感じるのは「気」が不足している証拠。肉類やいも類、アボカドなど「気」を補う食材でエネルギーをチャージしましょう。

明太子と
アボカドのパスタ

おなかの調子を整えて
気を養うアボカド入り

[材料] 2人分

アボカド … 小1個（160g）

辛子明太子 … 1/2腹（35g）

A　水 … 2カップ

　　塩 … 小さじ1/3

スパゲッティ（1.6mm）… 160g

バター … 10g

しょうゆ … 小さじ1

お好みでかいわれ菜・刻みのり

　… 各適量

[作り方]

1　下ごしらえ

アボカドは小さめの一口大に切る。明太子は薄皮から身をこそげる。

2　レンチン

耐熱のボウルにAを入れて混ぜ、スパゲッティを半分に折って加えてさっと混ぜ、バターをのせてラップをかけずに電子レンジで**袋表示のゆで時間＋3分（ゆで時間9分なら12分）加熱**する。

3　仕上げ

明太子の2/3量、アボカド、しょうゆを加えてよく混ぜる。器に盛り、残り1/3量の明太子をのせ、お好みでかいわれ菜、刻みのりをのせる。

[作り方] 2人分

長いも … 100g

まいたけ … 1/2 パック（60g）

豚ひき肉 … 200g

A　長いも（すりおろす）… 大さじ2

　　しょうが（すりおろす）… 小さじ1

　　塩 … 小さじ1/3

　　片栗粉 … 小さじ2

B　水 … 1/2カップ

　　しょうゆ … 大さじ1と1/2

　　酒・みりん … 各大さじ1/2

お好みで三つ葉（ざく切り）… 適量

[作り方]

1　下ごしらえ

長いもは皮ごと1cm厚さのいちょう切りにする（細ければ半月切りに）。まいたけは食べやすい大きさにほぐす。ポリ袋にひき肉とAを入れてよく揉んで肉団子のたねを作り、袋の角を切ってバットに絞り出し、8等分にする。

2　レンチン

耐熱のボウルにBを入れて混ぜ合わせ、肉団子のたねをスプーン2本で形を整えながら加える。長いも、まいたけの順に重ね、ふんわりとラップをかけて電子レンジで8分加熱する。

3　仕上げ

器に盛り、お好みで三つ葉を添える。

★冷蔵庫で約3日間保存可能

長いも入り
肉団子の煮物

長いも＋豚肉＋まいたけの
トリプルで滋養強壮

（ 食欲不振 ）

消化吸収をつかさどる「脾」が弱ると食欲も減退。お正月の胃疲れを癒やす春の七草にも入っているかぶや大根は、脾をいたわる救世主。大根はおろしにすれば手軽です。

ベーコン、かぶ、トマトのピリ辛スープ

消化を促すかぶとトマトのスープを食欲を刺激するピリ辛風味で

[材 料] 2人分

かぶ … 1個（100g）

かぶの葉 … 20g

トマト … 1個（180g）

ベーコン … 1枚

A｜赤唐辛子（輪切り）… 1/2本

　　水 … 2カップ

　　オリーブオイル … 大さじ1/2

　　塩 … 小さじ1/2

[作り方]

1　下ごしらえ

かぶは茎を約2cm残し、12等分のくし形切りにする。かぶの葉は2cm長さに切る。トマトは1.5cm角、ベーコンは1cm幅に切る。

2　レンチン

耐熱の大きなボウルにAを入れて混ぜ合わせ、ほかの材料すべてを加えて混ぜる。ふんわりとラップをかけて電子レンジで10分加熱する。

[材料] 2人分

生鮭 … 2切れ（180g）

塩・こしょう … 各少々

まいたけ … 1/2 パック（60g）

生しいたけ … 2枚（40g）

A 大根 … 4cm（200g）

しょうゆ … 大さじ1と1/2

砂糖・酢 … 各大さじ1/2

片栗粉 … 小さじ1

鮭ときのこのおろし煮

「脾」を強める鮭に
たっぷり大根おろしを添えて

[作り方]

1　下ごしらえ

鮭は塩をふり、10分おいて出てきた水けをペーパータオルでふき取り、こしょうをふって4等分に切る。まいたけは食べやすい大きさにほぐし、しいたけは石づきを落としてかさ・軸それぞれ薄切りにする。Aの大根をすりおろして残りの材料を混ぜる。

2　レンチン

耐熱の皿にまいたけとしいたけを広げ、鮭をのせる。直前によく混ぜ合わせたAをまわしかけ、ふんわりとラップをかけて電子レンジで7分加熱する。

3　仕上げ

全体をさっと混ぜる。

★冷蔵庫で約3間保存可能

61

（風邪）

ウイルスなど風邪の原因は体の外からやってくるため、体の表面である皮膚や粘膜を強くすることが重要。長ねぎやしょうがは発汗を促し、ジワッと汗をかくことで皮膚を守ってくれます。

豚肉と長ねぎの塩蒸し

ぞくっと悪寒が走ったら
ねぎの力でしっかりガード

[材料] 2人分

長ねぎ … 1本

しょうが … 1かけ

豚バラ薄切り肉 … 100g

A｜酒 … 大さじ1/2
　｜水 … 大さじ1/2

塩 … 小さじ1/4

ごま油 … 小さじ1

粗びき黒こしょう … 適量

[作り方]

1　下ごしらえ

長ねぎは青い部分まで7mm幅の斜め切りにする。しょうがはごく薄く切る。豚肉は5cm長さに切る。Aは混ぜ合わせる。

2　レンチン

耐熱の皿に長ねぎ、しょうが、豚肉の順に重ねてのせる。Aをまわしかけて塩をふり、ごま油をまわしかけ、ふんわりとラップをかけて電子レンジで5分加熱する。

3　仕上げ

さっと全体を混ぜ、器に盛り、粗びき黒こしょうをふる。

★冷蔵庫で約3日間保存可能

[材料] 1人分

しょうが … 1かけ

卵 … 1個

A｜水 … 1カップ
　｜しょうゆ … 小さじ1と1/2
　｜塩 … 小さじ1/4

温かいごはん … 80g

鶏ひき肉 … 50g

パクチー（ざく切り）… 適量

[作り方]

1 下ごしらえ

しょうがはせん切りにする。卵は溶きほぐす。

2 レンチン

耐熱のボウルにA、ごはん、ひき肉を入れて混ぜ合わせる。しょうがを散らし、卵をまわし入れ、ふんわりとラップをかけて電子レンジで4分加熱する。

3 仕上げ

そのまま5分ほど蒸らし、さっと混ぜて器に盛り、パクチーをのせる。

鶏ひき肉と卵、パクチーのしょうががゆ

パクチー＆しょうがのコンビと
鶏肉でおなかから温める

（ ストレス ）

〝頭にくる〞というように、イライラしているときは「気」が上っている状態。香りのある食材で上手に気を巡らせてトーンダウン。セロリやトマト、ピーマン、柑橘類がおすすめです。

鶏肉のマーマレード照り焼き

オレンジは食べるアロマ。
鶏肉とも相性抜群

[材料] 2人分

玉ねぎ … 1/2個（100g）

鶏もも肉 … 1枚（300g）

A マーマレード … 大さじ3
しょうゆ … 大さじ2
片栗粉 … 小さじ2

お好みでベビーリーフ … 適量

[作り方]

1 下ごしらえ

玉ねぎは7mm幅に切る。鶏肉は余分な脂身を切り落とし、6等分に切る。

2 レンチン

耐熱の皿に玉ねぎを並べ、その上に鶏肉を皮面を上にして広げてのせる。直前によく混ぜたAをまわしかけ、ラップをかけずに電子レンジで8分加熱する。

3 仕上げ

全体をさっと混ぜてたれをからませ、器に盛る。お好みでベビーリーフを添える。

★冷蔵庫で約3日間保存可能

[材料] 2人分

トマト … 1個（180g）

セロリ … 1本（150g）

玉ねぎ … 1/4個（50g）

豚ロースしゃぶしゃぶ用肉 … 80g

A | しょうが（すりおろす）… 小さじ1
  | にんにく（すりおろす）… 小さじ1/4
  | プレーンヨーグルト（無糖）… 大さじ2
  | しょうゆ・カレー粉 … 各大さじ1/2
  | 片栗粉 … 小さじ1
  | 塩 … 小さじ1/3

酒 … 大さじ1/2

ごはん … 茶わん2杯分

豚肉とセロリの トマトカレー

セロリで「気」を巡らし
トマトで「気」の流れを整える

[作り方]

1 下ごしらえ

トマトは1cm角に切り、セロリは筋を取って茎を斜め薄切り、葉を3cm幅のざく切りにし、玉ねぎはみじん切りにする。豚肉は大きければ食べやすい大きさに切る。

2 レンチン

耐熱の大きなボウルにA、トマト、玉ねぎを入れて、よく混ぜ合わせる。均一になったらその上にセロリの茎、葉の順に重ね、豚肉を広げる。酒をまわしかけ、ふんわりとラップをかけて電子レンジで10分加熱する。

3 仕上げ

豚肉をほぐしながら全体をよく混ぜ、ごはんとともに器に盛る。

★冷蔵庫で約4日間保存可能（カレー）

（肌荒れ）

乾燥肌には、トマトや豆乳など体液をつくってうるおす食材を。吹き出物には、毒素の排出に優れたものを。大豆や小豆といった豆類、ごぼう、とうもろこしなどがおすすめです。

シェントゥジャン風 納豆入りスープ

解毒作用に優れた納豆で
食べ応えもアップ

[材料] 2人分

無調整豆乳 … 1カップ

桜えび … 2g

A 酢 … 小さじ1と1/2
　しょうゆ … 小さじ1
　塩 … ふたつまみ

納豆 … 1/2パック

お好みで細ねぎ（小口切り）・ラー油

… 各適量

[作り方]

1　レンチン

耐熱のボウルに無調整豆乳、桜えびを入れ、ラップをかけずに電子レンジで**3分加熱する。**

2　仕上げ

熱いうちにAを加えて大きく3〜4回混ぜ、少しおいて凝固してきたら器に盛り、納豆をのせ、お好みで細ねぎをのせ、ラー油をたらす。

[材料] 2人分

めかじき … 2切れ（160g）

塩 … 少々

ピーマン … 2個

エリンギ … 1本（60g）

トマト水煮缶（ホールタイプ）
　　… 1/2缶（200g）

A｜にんにく（すりおろす）… 少々
　｜こうじ甘酒 … 大さじ2
　｜塩 … 小さじ1/2

粗びき黒こしょう … 適量

かじきの甘酒トマト煮

温めて血流を促す甘酒で
血色も改善

[作り方]

1　下ごしらえ

めかじきは塩をふって10分おき、出てきた水けを
ペーパータオルでふき取り、4等分に切る。ピーマ
ンは種を取って一口大に切り、エリンギは長さを半
分に切って薄切りにする。トマトの水煮はフォークで
なめらかになるまでつぶし、Aと混ぜ合わせる。

2　レンチン

耐熱の皿にピーマン、エリ
ンギ、めかじきの順に重ね
てのせ、トマトと混ぜ合わせ
たAをまわしかけ、ふんわり
とラップをかけて電子レンジ
で8分加熱する。

3　仕上げ

全体をさっと混ぜて器に盛り、粗びき黒こしょうをふる。

★冷蔵庫で約3日間保存可能

（目の疲れ）

薬膳では目は「肝」とつながっていると考えます。「肝」は血の量をコントロールする臓なので、造血を担うにんじんや卵、青魚、黒ごまを積極的にとることが目の養生につながります。

にんじんの黒ごまナムル

目のケアだけでなく
老化予防にもぜひ。

[材料] 作りやすい分量

にんじん … 1本（160g）
A｜塩 … ふたつまみ
　｜ごま油 … 大さじ1
黒すりごま … 大さじ1と1/2

[作り方]

1 下ごしらえ

にんじんは5cm長さの細切りにする。

2 レンチン

耐熱のボウルに、にんじんと水大さじ1（分量外）を入れ、ふんわりとラップをかけて電子レンジで3分加熱する。

3 仕上げ

Aを加えて混ぜ合わせ、全体になじんだら黒すりごまを加えて和える。

★冷蔵庫で約4日間保存可能

[材料] 2人分

ゴーヤー … 1/2 本（200g）

にんじん … 1/4 本（40g）

豚バラ薄切り肉 … 80g

にら … 1/4 束（25g）

卵 … 1個

A｜酒・しょうゆ・ごま油 … 各小さじ1
　｜塩 … ふたつまみ
　｜こしょう … 少々

削り節 … 1.5g

お好みで紅しょうが・削り節（トッピング用）
　　… 各適量

ゴーヤー チャンプルー

目の充血には
ゴーヤー＆にんじんを

[作り方]

1　下ごしらえ

ゴーヤーは種とワタを取り除いて5mm厚さの薄切りにし、にんじんは短冊切りにする。豚肉とにらは4cm長さに切る。卵は溶きほぐす。

2　レンチン

① ②

① 耐熱のボウルにゴーヤー、にんじんの順に入れ、豚肉を広げてのせ、ふんわりとラップをかけて電子レンジで**4分加熱する。**

② にら、A、削り節（1.5g）を加えてさっと混ぜ、溶き卵をまわし入れ、再度ふんわりとラップをかけて電子レンジで**1分30秒加熱する。**

3　仕上げ

全体をさっと混ぜて器に盛り、お好みで紅しょうがを添え、削り節をのせる。

★冷蔵庫で約3日間保存可能

生命活動をつかさどる「腎」の衰えは、足腰の弱まり、白髪、耳の不調などさまざまな老化を招きます。山いもやさつまいも、鶏肉、黒ごまや黒きくらげなどの黒い食べ物で「腎」を養いましょう。

牛肉とさつまいもの甘辛煮

「腎」を養い「気」を補う
疲労回復にもおすすめ

[作り方]

1 （ 下ごしらえ ）

さつまいもは1cm厚さのいちょう切りにし、水を2〜3度替えて洗い、たっぷりの水に約10分つけて水けをきる。玉ねぎは8等分のくし形切りにする。

2 （ レンチン ）

耐熱の大きなボウルにAを入れて混ぜ合わせ、さつまいも、玉ねぎ、牛肉の順に重ねる。ふんわりとラップをかけて電子レンジで7分加熱する。

3 （ 仕上げ ）

全体をさっと混ぜ合わせる。

★冷蔵庫で約4日間保存可能

[材料] 2人分

さつまいも … 150g

玉ねぎ … 1/2個（100g）

A だし汁 … 1/2カップ
　 しょうゆ … 大さじ1と1/2
　 酒 … 大さじ1/2
　 砂糖 … 小さじ1
　 豆板醤（トウバンジャン） … 小さじ1/3

牛切り落とし肉 … 100g

[材料] 2人分

カリフラワー … 1/2 個（180g）

パプリカ（赤） … 1/4 個

鶏もも肉 … 1 枚（300g）

A しょうが（すりおろす） … 小さじ 1
　 にんにく（すりおろす） … 小さじ 1/4
　 プレーンヨーグルト（無糖） … 大さじ 2
　 トマトケチャップ … 大さじ 1
　 カレー粉 … 小さじ 1
　 塩 … 小さじ 1/4

お好みでパクチー（ざく切り） … 適量

鶏肉とカリフラワーの カレー煮

筋骨を強めるカリフラワーが
老化防止をサポート

[作り方]

1 下ごしらえ

カリフラワーは小房に分け、パプリカは1cm幅の斜め切りにする。鶏肉は皮を取り除いて余分な脂身を切り落とし、一口大に切る。

2 レンチン

耐熱の大きなボウルにA、鶏肉を入れて混ぜ合わせ、カリフラワー、パプリカの順に重ねる。ふんわりとラップをかけて電子レンジで8分加熱する。

3 仕上げ

全体を混ぜ合わせて器に盛り、お好みでパクチーを散らす。

★冷蔵庫で約3日間保存可能

作りおきで薬膳弁当 **2**

気分を上げたい日に
気を補うお魚のお弁当

menu

◎ 鮭ときのこのおろし煮　↓ 作り方 p.61

◎ 蒸しキャベツの赤じそ和え　↓ 作り方 p.80

◎ ちくわとピーマンの塩和え　↓ 作り方 p.85

◎ かぼちゃの塩煮　↓ 作り方 p.88

「気」を補うパワーが強い鮭をメインにしたお弁当。さわやかな香りの赤じそやピーマンが補った気を全身に巡らせ、体を活動モードに。鮭とかぼちゃはおなかを温める作用もあり、体のまんなかがぽかぽかすれば、疲労も回復、やる気が湧いてくるでしょう。

PART3

季節別

レンチン薬膳の副菜

薬膳では季節ごとの体の状態に合わせて、
旬の食材をとることを大切にしています。
季節の野菜の副菜は、作りおきできるものも多く、
無理なく毎日の食養生に役立てることができます。
野菜の栄養を逃がさず調理できるのも、レンチンのいいところ。

春

春の体と
おすすめ食材

春の陽気とともに活発になる「肝」の働きを助け、
冬にためこんだ毒素を排出してくれる山菜。気
の巡りをよくして「肝」の乱れからくるイライラを癒
やす三つ葉や玉ねぎは、積極的にとりたい食材。
また、芽吹きの春は人も活動的に。活力のもとと
なる血をつくるにんじんやツナもおすすめです。

ふきとしょうがの
おひたし
作り方→p.76

厚揚げと
三つ葉の和え物
作り方→p.76

たけのこの土佐煮
作り方→p.77

ツナとにんじんと
玉ねぎのマリネ
作り方→p.77

ふきとしょうがの
おひたし

せきやたんを鎮めるふきは
春風邪のひき始めにも

[材 料] 2人分

ふき（水煮）… 80g

しょうが … 1かけ

A│ だし汁 … 1/2カップ
 │ みりん … 小さじ1
 │ しょうゆ … 小さじ1
 │ 塩 … ふたつまみ

Memo

ふきは太さを均一に切りそろえ
ると食べやすさも味しみもアッ
プ。温かいまま食べても。

[作り方]

1 下ごしらえ

ふきは5cm長さに切り、太いものは縦4
つ割りにする。しょうがはせん切りにする。

2 レンチン

耐熱のボウルにAを
入れて混ぜ合わせ、
ふきとしょうがを加え
る。ラップをかけず
に、電子レンジで4
分加熱する。

3 仕上げ

そのまま冷まして味をしみ込ませる。

★冷蔵庫で約3日間保存可能

厚揚げと
三つ葉の和え物

さわやかな三つ葉の香りが
「肝」を整えてイライラを解消

[材 料] 2人分

厚揚げ … 1/2枚（90g）

三つ葉 … 1株（40g）

A│ しょうゆ
 │   … 小さじ1と1/2
 │ ごま油 … 小さじ1

Memo

三つ葉は生のまま加えること
で、香りが生き、しゃきっとし
た茎の食感も楽しめます。

[作り方]

1 下ごしらえ

厚揚げは横半分に切り、1cm厚さに切る。
三つ葉は根元を落とし、3cm長さに切る。

2 レンチン

耐熱のボウルに厚揚
げを入れ、ふんわりと
ラップをかけて電子レ
ンジで1分30秒加
熱する。

3 仕上げ

三つ葉とAを加えて和える。

[材料] 作りやすい分量

たけのこ（水煮）… 300g

A｜水 … 1カップ
　｜しょうゆ … 大さじ2
　｜みりん … 大さじ1
　｜砂糖 … 小さじ2

削り節 … 3g

[作り方]

1　下ごしらえ

たけのこは長さ4cm、1cm厚さのくし形切りにする。

2　レンチン

耐熱のボウルにAを入れて混ぜ合わせ、たけのこ、削り節を加えてさっと混ぜる。ふんわりとラップをかけて電子レンジで**7分**加熱する。

★冷蔵庫で約4日間保存可能

Memo

一度冷ましたほうが味がなじみやすく、お弁当のおかずや常備菜にぴったりです。

たけのこの土佐煮

デトックス効果抜群。
たけのこで作る常備菜

[材料] 作りやすい分量

ツナ缶（油漬け）… 1缶（70g）

にんじん … 1本（160g）

玉ねぎ … 1/2個（100g）

A｜オリーブオイル
　｜　 … 大さじ1
　｜酢 … 大さじ1と1/2
　｜砂糖 … 小さじ1
　｜塩 … 小さじ1/3

[作り方]

1　下ごしらえ

ツナは缶汁をきる。にんじんは5cm長さの細切りにする。玉ねぎは薄切りにする。

2　レンチン

耐熱のボウルに、にんじん、玉ねぎ、ツナの順に重ねて入れ、ふんわりとラップをかけて電子レンジで**3分**加熱する。

3　仕上げ

Aを加えてよく混ぜる。

★冷蔵庫で約4日間保存可能

Memo

レンチンするから塩揉み不要で手軽です。旬の春にんじんや新玉ねぎで作っても。

ツナとにんじんと玉ねぎのマリネ

さっぱりといただけて、
貧血予防や気の落ち込みに

梅雨

梅雨の体と
おすすめ食材

じめじめとしたこの季節は湿気が体にたまり、むくみや食欲不振を招きます。水分代謝を促すキャベツや、緑豆もやし、ひげがむくみの漢方薬としても使われるとうもろこしを献立に取り入れてみて。食欲不振にはオクラや長いもといったネバネバ食材を。消化吸収の要となる「脾」を強めてくれます。

もやしのナムル
作り方→p.80

蒸しキャベツの赤じそ和え
作り方→p.80

とうもろこしと
さやいんげんの塩バター蒸し
作り方→p.81

オクラと
叩き長いもの和え物
作り方→p.81

[材料] 作りやすい分量

キャベツ … 1/4 個（250g）

A 赤じそふりかけ
　　… 小さじ2
　酢 … 小さじ1
　ごま油 … 大さじ1

蒸しキャベツの赤じそ和え

胃の不快感にも効く
赤じその香りで食欲アップ

Memo

赤じそふりかけは一緒に酢を
加えると色みもきれいに出て
味わいも増します。

[作り方]

1 下ごしらえ

キャベツは葉を一口大に切り、芯を薄切りにする。

2 レンチン

耐熱のボウルにキャベツを入れ、ふんわりとラップをかけて電子レンジで**4分加熱**する。

3 仕上げ

水けを軽くきり、Aを加えて和える。

★冷蔵庫で約3日間保存可能

[材料] 2人分

緑豆もやし … 1袋（200g）

A ごま油 … 大さじ1
　塩 … 小さじ1/3
粗びき黒こしょう
　　… 適量

もやしのナムル

蒸し暑い日にはこれ！
熱を冷ましてむくみ解消

Memo

もやしは、気にならなければひ
げ根を残してもOK。水が出や
すいので水きりを忘れずに。

[作り方]

1 下ごしらえ

もやしはひげ根があれば取り除く。

2 レンチン

耐熱の大きなボウルにもやしを入れ、ふんわりとラップをかけて電子レンジで**2分30秒加熱**する。

3 仕上げ

水けを軽くきり、Aを加えて和える。粗びき黒こしょうで味をととのえる。

★冷蔵庫で約3日間保存可能

[材料] 作りやすい分量

さやいんげん
　　… 15本（80g）
バター … 10g
A｜水 … 大さじ1
　｜塩 … 小さじ1/4
コーン缶 … 60g

Memo

和でも洋でも合う一品です。和に寄せたい場合は塩をしょうゆに替えても。

[作り方]

1 下ごしらえ

さやいんげんはヘタを落とし、長さを3等分に切る。バターは1cm角に切る。Aは混ぜ合わせる。

2 レンチン

耐熱のボウルにさやいんげん、コーンの順に重ねて入れ、Aをまわしかける。バターを散らし、ふんわりとラップをかけて電子レンジで**3分加熱**する。

3 仕上げ

全体を混ぜ合わせる。

★冷蔵庫で約3日間保存可能

とうもろこしと
さやいんげんの
塩バター蒸し

冷えとむくみに効く
とうもろこしと豆のコンビ

[材料] 2人分

オクラ … 6本（60g）
長いも … 100g
A｜しょうゆ
　｜　… 小さじ1と1/2
　｜酢 … 小さじ1

Memo

長いもは包丁で切るよりも、叩くことでぬめりが出て、味がよくからみます。

[作り方]

1 下ごしらえ

オクラはガクを取り除き、竹串で数か所穴をあける。

2 レンチン

耐熱の皿にオクラを並べ、ふんわりとラップをかけて電子レンジで**30秒加熱**する。

3 仕上げ

粗熱がとれたら、斜め半分に切る。長いもは皮をむき、ポリ袋に入れて麺棒で叩き、食べやすい大きさにする。ボウルにオクラと長いもを入れ、Aを加えて和える。

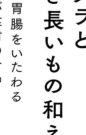

オクラと
叩き長いもの和え物

弱った胃腸をいたわる
ネバネバ食材の一品

夏 / 夏の体と おすすめ食材

夏の暑さを乗り切るには、体の熱を冷ましてくれるきゅうりやなす、汗で失われた体液を補ってくれるトマトなどを積極的にとりましょう。また、熱は「心」に負担をかけ、不眠や不安を招きます。精神を安定させるピーマンは寝苦しい日々におすすめ。太陽をたっぷり浴びて育った夏野菜で夏バテ予防を。

レンジ蒸しなす
作り方→p.84

きゅうりのピクルス
作り方→p.84

ミニトマトと梅干しの
レンジ蒸し
作り方→p.85

ちくわと
ピーマンの塩和え
作り方→p.85

レンジ蒸しなす

体を冷やすなすには
たっぷりのしょうがを添えて

[材 料] 2人分

なす … 3本（240g）

しょうが（すりおろす）… 適量

細ねぎ（小口切り）… 適量

しょうゆ … 適量

Memo

なすは、加熱後にすぐラップを
はずして冷ますことで、色をき
れいに保てます。

[作 り 方]

1 下ごしらえ

なすはフォークで数か所穴をあけ、1本
ずつラップで包む。

2 レンチン

耐熱の皿になすを並
べ、電子レンジで**4
〜5分**、**やわらかくな
るまで加熱**する。

3 仕上げ

ラップをすぐにはずしてそのまま冷まし、6
つ割りにする。器に盛り、しょうが、細ね
ぎをのせ、しょうゆをかける。

きゅうりのピクルス

きゅうりがほてりを冷まし
酸味で食欲増進

[材 料] 2人分

きゅうり … 2本

赤唐辛子 … 1本

A 水 … 1/2カップ

　 酢 … 大さじ2と1/2

　 砂糖 … 大さじ2

　 塩 … 小さじ1/2

ローリエ … 1枚

Memo

きゅうりはある程度厚みがある
ほうが、歯応えと水分が残っ
ておいしくいただけます。

[作 り 方]

1 下ごしらえ

きゅうりは2cm厚さの輪切りにする。赤唐
辛子は種を取り除く。

2 レンチン

耐熱のボウルに**A**を
入れて混ぜ合わせ、
ラップをかけずに**2
分加熱**する。

3 仕上げ

混ぜ合わせて塩と砂糖が溶けたら、ジッ
パー付きの袋に移し、きゅうり、赤唐辛
子、ローリエを入れ、粗熱がとれたら空
気を抜いて密閉し、冷蔵庫で一晩以上
漬ける。

★冷蔵庫で約5日間保存可能

[材 料] 2人分

ミニトマト
　　… 15 〜 16 個（200g）
梅干し（塩分8%のもの）
　　… 2 個（正味20g）
砂糖 … 小さじ 1/2
しょうゆ … 小さじ 1

Memo

ミニトマトは竹串で穴をあけて
爆発を防止。加熱すると甘み
がアップします。

[作り方]

1　下ごしらえ

ミニトマトはヘタを取り、竹串で数か所穴
をあける。梅干しは種を取り除いて、包
丁で叩く。

2　レンチン

耐熱のボウルにミニト
マトを入れ、梅干し
をのせ、砂糖をふり
かけ、しょうゆをまわ
しかける。ふんわりと
ラップをかけて電子レ
ンジで **1 分 30 秒 加
熱**する。

3　仕上げ

全体をさっと混ぜ合わせる。

ミニトマトと梅干しのレンジ蒸し

多汗を防ぐ梅干し入りで
体の水分をコントロール

[材 料] 2人分

ピーマン … 4個
ちくわ … 2本
A｜塩 … 小さじ 1/4
　｜ごま油 … 小さじ 1

Memo

ちくわはハムを細切りにして代
用しても。熱々のごはんにの
せてもよく合います。

[作り方]

1　下ごしらえ

ピーマンは種を取り除き、横に薄切りに
する。ちくわは斜め薄切りにする。

2　レンチン

耐熱のボウルにピー
マン、ちくわの順に重
ねて入れ、ふんわりと
ラップをかけて電子レ
ンジで **3 分加熱**する。

3　仕上げ

Aを加えて和える。
★冷蔵庫で約3日間保存可能

ちくわとピーマンの塩和え

さっぱり塩味で
夏の弱った胃にもおすすめ

さつまいもの
はちみつレモン煮
作り方→p.88

かぼちゃの塩煮
作り方→p.88

秋 / 秋の体と
おすすめ食材

空気の乾燥が気になるこの季節は、体の内側も乾いて
います。空気を直接取り込む肺はダメージを受けやすく、
肺が乾くと鼻、のど、皮膚の乾燥につながります。大腸
の乾きは便秘を招き、さまざまな不調の種に。体をうる
おすきのこ類や、かぼちゃやれんこん、さつまいもなどの
根菜、油分が多いごまやナッツなどがおすすめです。

れんこんと
ハムの重ね蒸し
ごまみそだれ
作り方→p.89

きのこのオイル蒸し
作り方→p.89

さつまいものはちみつレモン煮

保湿に優れたはちみつで腸やのどを乾燥から守る

[材料] 作りやすい分量

さつまいも … 200g

レモン … 1個

A　水 … 150㎖

　　はちみつ … 大さじ3

Memo

さつまいもは水にさらしてでんぷん質を取り除くことで、煮汁もきれいに仕上がります。

[作り方]

1 下ごしらえ

さつまいもは1cm厚さの輪切り（大きければ半月切り）にし、水を2～3度替えて洗い、たっぷりの水に約10分さらして水けをきる。レモンは、半分は薄切りにし、もう半分は果汁を搾る（約大さじ1と1/2）。

2 レンチン

耐熱のボウルにレモン果汁とAを入れて混ぜ合わせ、さつまいもを浸るように入れる。ふんわりとラップをかけて電子レンジで6分加熱する。

3 仕上げ

薄切りのレモンを加えてさっと混ぜる。

★冷蔵庫で約4日間保存可能

かぼちゃの塩煮

素材のやさしい甘みで肺と腸のうるおい補給

[材料] 2人分

かぼちゃ … 300g

A　水 … 80㎖

　　オリーブオイル … 小さじ1

　　塩 … 小さじ1/2

Memo

調味料はシンプルに塩のみですが、ほんの少しのオリーブオイルがコクをプラス。

[作り方]

1 下ごしらえ

かぼちゃは種とワタを取り除いて3～4cm角に切り、皮を一部むく。

2 レンチン

耐熱のボウルにAを入れて混ぜ合わせ、かぼちゃを皮面を下にして入れる。ふんわりとラップをかけて電子レンジで5～6分、かぼちゃがやわらかくなるまで加熱する。

★冷蔵庫で約3日間保存可能

[材 料] 2人分

れんこん … 小1節 (150g)

ロースハム … 2枚

A 水・白すりごま
　　　… 各大さじ1

みそ … 小さじ2

砂糖 … 小さじ1

酢 … 小さじ1/2

塩 … ふたつまみ

ごま油 … 小さじ2

Memo

ハムは加熱するとパサパサし
やすいので、れんこんと交互
に重ねてパサつきを防止。

[作り方]

1 下ごしらえ

れんこんは皮をむいて5mm厚さの半月切
りにし、水に約10分さらして水けをきる。
ハムは4等分に切る。Aは混ぜ合わせる。

2 レンチン

耐熱の皿にれんこん
の半量、ハム、れんこ
んの残り半量の順に
重ねてのせ、塩、ごま
油をふる。ふんわりと
ラップをかけて電子レ
ンジで3分加熱する。

3 仕上げ

器に盛ってAをかける。

れんこんと
ハムの重ね蒸し
ごまみそだれ

体液をつくるれんこんで
体の内側から乾燥予防

[材 料] 作りやすい分量

まいたけ … 1パック (120g)

えのきたけ … 1/2袋 (100g)

生しいたけ … 2枚 (40g)

にんにく … 1かけ

赤唐辛子 (輪切り) … 1本

A 塩 … 小さじ1/4
　オリーブオイル
　　　… 大さじ1

Memo

きのこはお好みのものでOK。
2〜3種類組み合わせること
で香りがアップします。

[作り方]

1 下ごしらえ

まいたけは食べやすい大きさにほぐす。
えのきたけは根元を落とし、3等分に切
る。しいたけは石づきを落とし、かさ・軸
それぞれ薄切りにする。にんにくは粗い
みじん切りにする。

2 レンチン

耐熱のボウルにきの
こ類、にんにく、赤唐
辛子、Aを入れて混
ぜ合わせる。ふんわ
りとラップをかけて電
子レンジで4分加熱
する。

3 仕上げ

全体を混ぜ合わせる。

★冷蔵庫で約3日間保存可能

きのこの
オイル蒸し

腸のすべりをよくして
便秘解消に効果的

ブロッコリーの
黒ごまみそ和え
作り方→p.92

ごぼうの
具だくさんきんぴら
作り方→p.92

冬 / 冬の体と おすすめ食材

寒さで気・血・体液のすべての巡りが悪くなり、老化と関係の深い「腎」がダメージを受けやすい冬。旬の白菜やごぼうで大腸の巡りから改善するのがおすすめ。「腎」の養生には黒ごまといった黒い食材やブロッコリーが有効です。また、血と体液をつくるほうれんそうなどで、春に備えて養分を蓄えることも忘れずに。

ベーコンと白菜の
ペペロンチーノ
作り方→p.93

しらすとほうれんそうの
のり和え
作り方→p.93

ブロッコリーの黒ごまみそ和え

腎を養うダブルの食材。
白髪や目の不調にもぜひ

[材料] 作りやすい分量

ブロッコリー … 1個（360g）
みりん … 大さじ1
みそ … 大さじ1と1/2
黒すりごま
　　… 大さじ1と1/2

[作り方]

1 下ごしらえ

ブロッコリーは小房に分ける。茎は厚めに皮をむき、1cm厚さの輪切りにする。

2 レンチン

① ②

① 耐熱の皿にブロッコリーを並べ、水大さじ2（分量外）をまわしかけ、ふんわりとラップをかけて電子レンジで**4分加熱**する。ラップをはずして粗熱をとり、ペーパータオルで水けを押さえる。

② 耐熱のボウルにみりんを入れ、ラップをかけずに電子レンジで**40秒加熱**する。

3 仕上げ

みりんにみそを加えて混ぜ合わせ、別のボウルに移してブロッコリーを和える。黒すりごまを加えてさらに和える。

★冷蔵庫で約3日間保存可能

ごぼうの具だくさんきんぴら

根菜たっぷりで
腸を整え、毒素を排出

[材料] 2人分

ごぼう … 100g
にんじん … 1/2本（80g）
さやいんげん … 8本（40g）
油揚げ … 1枚
A　水 … 大さじ1と1/2
　　しょうゆ … 大さじ1
　　砂糖・ごま油
　　　… 各大さじ1/2
赤唐辛子（輪切り）… 1本
白煎りごま … 大さじ1/2

Memo

ピーラーを使えば、薄いささがきが手軽にでき、レンジ加熱でも食べやすくなります。

[作り方]

1 下ごしらえ

ごぼうとにんじんはピーラーで4〜5cm長さのささがきにする。さやいんげんはヘタを落とし、1cm幅の斜め切りにする。油揚は縦半分に切って1cm幅の短冊切りにする。Aは混ぜ合わせる。

2 レンチン

耐熱の大きなボウルにごぼう、にんじん、さやいんげん、油揚げの順に重ねて入れ、赤唐辛子を散らし、Aをまわしかける。ふんわりとラップをかけて電子レンジで**7分加熱**する。

3 仕上げ

白煎りごまを加えて全体が均一になるまで混ぜる。

★冷蔵庫で約4日間保存可能

[材 料] 2人分

白菜 … 300g

ベーコン … 1枚

にんにく … 1かけ

赤唐辛子（輪切り）… 1本

A｜オリーブオイル
　　… 大さじ1
　｜塩 … 小さじ1/3

Memo
ベーコンとにんにくは一番上
に。香りとうまみを全体に行き
渡らせることができます。

[作り方]

1 下ごしらえ

白菜は繊維を断つように2cm幅に切る。
ベーコンは1cm幅に切る。にんにくはみ
じん切りにする。

2 レンチン

耐熱のボウルに白菜、
ベーコンの順に重ね
入れ、にんにくと赤
唐辛子を散らし、A
を全体にふりかける。
ふんわりとラップをか
けて電子レンジで**5
分加熱**する。

3 仕上げ

全体を混ぜ合わせる。
★冷蔵庫で約3日間保存可能

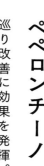

ベーコンと白菜の
ペペロンチーノ

巡り改善に効果を発揮。
食べすぎた翌日にぜひ

[材 料] 2人分

ほうれんそう … 1束（200g）

A｜しょうゆ
　　… 小さじ1と1/2
　｜酢 … 小さじ1
　｜ごま油 … 小さじ1

釜揚げしらす … 30g

焼きのり … 1枚（全形）

Memo
ほうれんそうはあくの多い野菜
です。冷水にとる手間を惜しま
ないのがポイント。

[作り方]

1 下ごしらえ

ほうれんそうは葉と茎に分けるように切る。

2 レンチン

耐熱の大きなボウルに
茎、葉の順に重ねて
入れ、水2と1/2カップ
（分量外）を注ぐ。ふ
んわりとラップをかけ
て電子レンジで**6分
加熱**する。

3 仕上げ

たっぷりの冷水にとって約10分つけてお
き、水けを絞って4cm長さに切る。ボウル
に入れ、Aを加えて混ぜ合わせ、しらすと、
焼きのりをちぎりながら加え、さっと和える。

しらすと
ほうれんそうの
のり和え

腎の働きを助け
良質な血液をつくる

メイン食材別インデックス

【肉・加工品】

●豚肉
豚しゃぶとキャベツのレモン蒸し ································ 12
豚肉と根菜のピリ辛みそ煮 ································ 14
豚こま団子の酢豚風 ································ 15
とん平焼き ································ 16
豚肉とピーマンのそぼろ ································ 18
豚肉ともやしのオイスター焼きそば ································ 19
ひじき入り豆腐ハンバーグ ································ 46
豚肉ときのこのポン酢煮 ································ 53
豚肉ともやしのみそ炒め ································ 54
豚ひき肉となすの春雨煮 ································ 55
長いも入り肉団子の煮物 ································ 59
豚肉と長ねぎの塩蒸し ································ 62
豚肉とセロリのトマトカレー ································ 65
ゴーヤーチャンプルー ································ 69

●鶏肉
しっとり鶏ハム ································ 20
鶏むね肉と彩り野菜の南蛮漬け ································ 22
鶏肉となすの照り焼き ································ 23
ザーサイ入り鶏団子の甘酢あんかけ ································ 24
手羽元と白菜の塩こうじ煮 ································ 26
鶏ひき肉とわかめのスープ ································ 27
鶏ひき肉と卵、パクチーのしょうががゆ ································ 63
鶏肉のマーマレード照り焼き ································ 64
鶏肉とカリフラワーのカレー煮 ································ 71

●牛肉
牛肉と豆腐のすき煮 ································ 28
牛肉と春菊のしょうがポン酢蒸し ································ 30
アスパラガスの牛肉巻き ································ 31
牛肉とさつまいもの甘辛煮 ································ 70

●合いびき肉
煮込みクリームハンバーグ ································ 32
大根入りミートソースのペンネ ································ 34
キーマカレー ································ 35

●ソーセージ ●ベーコン ●ハム
ソーセージ、ブロッコリー、チーズのホットサラダ ··· 36
ベーコンときのこのオイルパスタ ································ 37
ハムと白菜のミルクスープ ································ 52
ベーコン、かぶ、トマトのピリ辛スープ ································ 60
れんこんとハムの重ね蒸し ごまみそだれ ········ 87
ベーコンと白菜のペペロンチーノ ································ 91

【魚介・加工品】
たらとじゃがいものガーリックバター ································ 38
鮭とわかめ、きのこのレンジ蒸し ································ 40
さば缶大根 ································ 41
ツナ、玉ねぎ、チーズのオムレツ ································ 42
マッシュルーム、シーフードのアヒージョ ································ 43
ガーリックシュリンプ ································ 51
さば缶とおろしにんじんのカレー ································ 56
明太子とアボカドのパスタ ································ 58
鮭ときのこのおろし煮 ································ 61

かじきの甘酒トマト煮 ································ 67
ツナとにんじんと玉ねぎのマリネ ································ 75
ちくわとピーマンの塩和え ································ 83
しらすとほうれんそうののり和え ································ 91

【大豆加工品】
牛肉と豆腐のすき煮 ································ 28
豆腐とにらの卵とじ ································ 44
ひじき入り豆腐ハンバーグ ································ 46
厚揚げとかぶのきのこあんかけ ································ 47
シェントウジャン風納豆入りスープ ································ 66
厚揚げと三つ葉の和え物 ································ 74

【卵】
とん平焼き ································ 16
牛肉と豆腐のすき煮 ································ 28
ツナ、玉ねぎ、チーズのオムレツ ································ 42
豆腐とにらの卵とじ ································ 44
黒きくらげと細ねぎの中華風オムレツ ································ 57
鶏ひき肉と卵、パクチーのしょうががゆ ································ 63
ゴーヤーチャンプルー ································ 69

【野菜・果物】

●なす
鶏肉となすの照り焼き ································ 23
豚ひき肉となすの春雨煮 ································ 55
レンジ蒸しなす ································ 82

●白菜
手羽元と白菜の塩こうじ煮 ································ 26
ハムと白菜のミルクスープ ································ 52
ベーコンと白菜のペペロンチーノ ································ 91

●キャベツ
豚しゃぶとキャベツのレモン蒸し ································ 12
とん平焼き ································ 16
蒸しキャベツの赤じそ和え ································ 78

●レモン
豚しゃぶとキャベツのレモン蒸し ································ 12
さつまいものはちみつレモン煮 ································ 86

●大根
豚肉と根菜のピリ辛みそ煮 ································ 14
大根入りミートソースのペンネ ································ 34
さば缶大根 ································ 41
鮭ときのこのおろし煮 ································ 61

●れんこん
豚肉と根菜のピリ辛みそ煮 ································ 14
れんこんとハムの重ね蒸し ごまみそだれ ········ 87

●ピーマン
豚肉とピーマンのそぼろ ································ 18
ちくわとピーマンの塩和え ································ 83

●もやし
豚肉ともやしのオイスター焼きそば ································ 19
豚肉ともやしのみそ炒め ································ 54
もやしのナムル ································ 78

●春菊
牛肉と春菊のしょうがポン酢蒸し ································ 30

● **グリーンアスパラガス**
アスパラガスの牛肉巻き …………………… 31
● **トマト** ● **ミニトマト** ● **トマト缶**
大根入りミートソースのペンネ …………… 34
キーマカレー ………………………………… 35
ベーコン、かぶ、トマトのピリ辛スープ …… 60
豚肉とセロリのトマトカレー ……………… 65
かじきの甘酒トマト煮 ……………………… 67
ミニトマトと梅干しのレンジ蒸し ………… 83
● **ブロッコリー**
ソーセージ、ブロッコリー、チーズのホットサラダ … 36
ブロッコリーの黒ごまみそ和え …………… 90
● **じゃがいも**
たらとじゃがいものガーリックバター …… 38
● **にんにく**
たらとじゃがいものガーリックバター …… 38
ガーリックシュリンプ ……………………… 51
ベーコンと白菜のペペロンチーノ ………… 91
● **玉ねぎ**
ツナ、玉ねぎ、チーズのオムレツ ………… 42
ツナとにんじんと玉ねぎのマリネ ………… 75
● **にら**
豆腐とにらの卵とじ ………………………… 44
● **かぶ**
厚揚げとかぶのきのこあんかけ …………… 47
ベーコン、かぶ、トマトのピリ辛スープ …… 60
● **かぼちゃ**
かぼちゃのシナモンがゆ …………………… 50
かぼちゃの塩煮 ……………………………… 86
● **にんじん**
さば缶とおろしにんじんのカレー ………… 56
にんじんの黒ごまナムル …………………… 68
ツナとにんじんと玉ねぎのマリネ ………… 75
● **ねぎ**
黒きくらげと細ねぎの中華風オムレツ …… 57
豚肉と長ねぎの塩蒸し ……………………… 62
● **アボカド**
明太子とアボカドのパスタ ………………… 58
● **長いも**
長いも入り肉団子の煮物 …………………… 59
オクラと叩き長いもの和え物 ……………… 79
● **パクチー**
鶏ひき肉と卵、パクチーのしょうががゆ … 63
● **しょうが**
鶏ひき肉と卵、パクチーのしょうががゆ … 63
ふきとしょうがのおひたし ………………… 74
● **セロリ**
豚肉とセロリのトマトカレー ……………… 65
● **ゴーヤー**
ゴーヤーチャンプルー ……………………… 69
● **さつまいも**
牛肉とさつまいもの甘辛煮 ………………… 70
さつまいものはちみつレモン煮 …………… 86
● **カリフラワー**
鶏肉とカリフラワーのカレー煮 …………… 71

● **ふき**
ふきとしょうがのおひたし ………………… 74
● **三つ葉**
厚揚げと三つ葉の和え物 …………………… 74
● **たけのこ**
たけのこの土佐煮 …………………………… 75
● **とうもろこし**
とうもろこしとさやいんげんの塩バター蒸し …… 79
● **さやいんげん**
とうもろこしとさやいんげんの塩バター蒸し …… 79
● **オクラ**
オクラと叩き長いもの和え物 ……………… 79
● **きゅうり**
きゅうりのピクルス ………………………… 82
● **ごぼう**
ごぼうの具だくさんきんぴら ……………… 90
● **ほうれんそう**
しらすとほうれんそうののり和え ………… 91

【きのこ類】

煮込みクリームハンバーグ ………………… 32
ベーコンときのこのオイルパスタ ………… 37
鮭とわかめ、きのこのレンジ蒸し ………… 40
マッシュルーム、シーフードのアヒージョ … 43
厚揚げとかぶのきのこあんかけ …………… 47
豚肉ときのこのポン酢煮 …………………… 53
長いも入り肉団子の煮物 …………………… 59
鮭ときのこのおろし煮 ……………………… 61
きのこのオイル蒸し ………………………… 87

【穀類】

● **ごはん**
キーマカレー ………………………………… 35
かぼちゃのシナモンがゆ …………………… 50
さば缶とおろしにんじんのカレー ………… 56
鶏ひき肉と卵、パクチーのしょうががゆ … 63
豚肉とセロリのトマトカレー ……………… 65
● **麺** ● **パスタ**
豚肉ともやしのオイスター焼きそば ……… 19
大根入りミートソースのペンネ …………… 34
ベーコンときのこのオイルパスタ ………… 37
明太子とアボカドのパスタ ………………… 58

【牛乳、乳製品】

煮込みクリームハンバーグ ………………… 32
ソーセージ、ブロッコリー、チーズのホットサラダ … 36
ツナ、玉ねぎ、チーズのオムレツ ………… 42
ハムと白菜のミルクスープ ………………… 52

【乾物】

鶏ひき肉とわかめのスープ ………………… 27
ひじき入り豆腐ハンバーグ ………………… 46
豚ひき肉となすの春雨煮 …………………… 55
黒きくらげと細ねぎの中華風オムレツ …… 57
しらすとほうれんそうののり和え ………… 91

齋藤菜々子　さいとうななこ

料理家、国際中医薬膳師。一般企業に就職後、忙しい日々の中で食事が心身の充実につながることを実感し、料理の道を志す。料理家のアシスタントを務めながら日本中医食養学会・日本中医学院にて中医学を学び、国際中医薬膳師を取得。「今日からできるおうち薬膳」をモットーに、身近な食材のみを使った作りやすいレシピにこだわり、家庭で毎日実践できる薬膳を提案している。書籍・雑誌・企業へのレシピ提供、webコラム連載、イベント出演などで活動中。著書に『基本調味料で作る体にいいスープ』（主婦と生活社）などがある。

撮影　澤木央子
スタイリング　木村 遥
デザイン　髙橋朱里（マルサンカク）
取材・文　時岡千尋（cocon）
編集　小島朋子
調理アシスタント　沓澤佐紀、髙橋あかね
校正　安久都淳子
DTP制作　天龍社

いつもの食材で体がととのう
レンチン薬膳ごはん

2023年 8 月20日　第 1 刷発行
2024年 5 月25日　第 4 刷発行

著　者　　齋藤菜々子
発行者　　木下春雄
発行所　　一般社団法人 家の光協会
　　　　　〒162-8448
　　　　　東京都新宿区市谷船河原町11
　　　　　電話　03-3266-9029（販売）
　　　　　　　　03-3266-9028（編集）
振替　　　00150-1-4724
印刷・製本　図書印刷株式会社

©Nanako Saito 2023 Printed in Japan
ISBN 978-4-259-56767-5 C0077